消费繁荣与中国未来

滕泰 张海冰 著

图书在版编目（CIP）数据

消费繁荣与中国未来 / 滕泰, 张海冰著. -- 北京：
中信出版社, 2025.3. -- ISBN 978-7-5217-7407-8
Ⅰ. F126.1
中国国家版本馆 CIP 数据核字第 2025XL7753 号

消费繁荣与中国未来
著者：　　滕泰　张海冰
出版发行：中信出版集团股份有限公司
　　　　　（北京市朝阳区东三环北路27号嘉铭中心　邮编　100020）
承印者：　嘉业印刷（天津）有限公司

开本：787mm×1092mm 1/16　　印张：18.75　　字数：210千字
版次：2025年3月第1版　　　　　印次：2025年3月第1次印刷
书号：ISBN 978-7-5217-7407-8
定价：79.00元

版权所有·侵权必究
如有印刷、装订问题，本公司负责调换。
服务热线：400-600-8099
投稿邮箱：author@citicpub.com

目 录

序　言　消费繁荣事关中国经济未来　1
前　言　从消费抑制到消费繁荣，中国经济必须跨越的坎　9

导　论　鉴往知来，寻找总需求不足的合适药方　001

第一章　消费抑制之痛
第一节　消费抑制的严重后果　013
第二节　向消费型社会转型的挑战　019
第三节　消费抑制背后的深层次原因　027
第四节　从消费抑制到释放消费潜力　036

第二章　过度投资陷阱
第一节　投资驱动越来越不可持续　047
第二节　投资驱动的历史与现实　053
第三节　过度投资：苏联和日本的教训　060
第四节　告别投资驱动　066

第三章　总需求不足之困
第一节　产能过剩是相对的，总需求不足是绝对的　079

第二节　总需求不足的必然困扰　086

第三节　战胜总需求不足的历史探索　095

第四章　从建设到民生：财政政策转型促消费

第一节　建设财政：适时而起，亦当适时而退　107

第二节　民生财政的合理规模与资金来源　119

第三节　10万亿元消费繁荣计划　134

第五章　从防通胀到防通缩：货币政策助力扩大内需

第一节　以宽松货币政策扩大总需求的普遍选择　145

第二节　中国货币政策的艰难转型　156

第三节　中国货币政策：新目标、新机制、新观念　165

第六章　深化改革：提高居民收入促消费

第一节　居民可支配收入占比偏低　185

第二节　居民收入占比偏低的深层次原因　190

第三节　从收入端促消费是根本解决之道　198

第四节　深化收入改革促消费　206

第七章　服务业大发展：产业重构促进消费繁荣

第一节　为什么促进消费繁荣须从服务业入手　215

第二节　服务业发展缓慢加剧总需求不足　220

第三节　提振服务业，促进消费繁荣　225

第八章　民营经济：居民收入增长与消费繁荣的活力之源

第一节　中国民营经济发展与消费市场的繁荣　233

第二节　民营经济：就业、收入与消费　240

第三节　大力发展民营经济，促进消费繁荣　247

第九章　创造新需求：以创新推动消费繁荣
第一节　如何创造新需求　259
第二节　创新打开需求天花板　266

序　言

消费繁荣事关中国经济未来

当前，中国经济长期向好的基本面没有变，但总需求不足仍是我国经济运行的突出矛盾。2024年底召开的中央经济工作会议，将"大力提振消费、提高投资效益，全方位扩大国内需求"放在九大任务之首，有关消费的理论和政策研究成为当务之急。《消费繁荣与中国未来》一书对消费需求做了比较全面的分析，总的内容观点和论据很准确，有些问题提得很尖锐，也提出了建设性建议，确实是应时之作，及时响应了时代的问卷。

解决消费繁荣问题的重要时间窗口

2024年召开的党的二十届三中全会，明确提出了新一轮全面深化改革、实现中国式现代化的重要任务。2025年是实施"十四五"规划的收官之年，制定"十五五"规划的各项工作已经紧锣密鼓地展开。

下一个 5~10 年，对于中国经济怎么走，有很多重大问题需要研究解决。其中特别重要的一个问题就是：如何提振消费？

2024 年 11 月，中国经济体制改革杂志社联合中国连锁经营协会、万博新经济研究院举办了一个内部研讨会，与会的十几位专家，围绕滕泰和张海冰先生关于《消费繁荣与中国未来》的研究成果，结合当前中国经济面临的挑战进行了比较深入的讨论。这些专家有的来自智库，有的来自企业，虽然有不同的角度，但共识度很高：无论是从理论层面，还是从政策层面，抑或是从市场主体的处境来看，提振消费、大力促进消费繁荣都已经到了重要的时间窗口。从决策层到社会公众，都在关心消费问题——消费为什么疲软？怎么解决这些问题？如何实现消费繁荣以加快中国经济复苏步伐？

消费、投资、出口是总需求的重要组成部分。如果消费复苏乏力，无论是制造业还是服务业，都面临需求萎缩、盈利下滑的挑战，就业压力也越来越大，尤其是年轻人就业严重不足，更值得我们高度重视。特别是在投资乘数效应下降，外部需求面临风险和不确定性的情况下，如果消费上不去，后果将非常严重。当前经济能否稳得住，实现持续回升向好，关键看消费能否提振和复苏。

提振消费需要政策转型

从新中国成立到改革开放，国家经济发展的目标都是加快实现工业化，扩大总供给能力。人们考虑比较多的是生产，形成了"先生产后生活，重投资轻消费"的观念。现在我们已经是全球第一大制造业国家，服务业的发展成就也令人瞩目，总供给的规模全球领先，在"供与需"这一对矛盾中，谁是主要方面，我们应当有更新的认识。

《消费繁荣与中国未来》一书的作者认为，工业化的高峰阶段过后，各国都必然会面临总需求不足的困扰。这本书从历史的角度回顾了美国、日本等发达国家和我国应对总需求不足的历程，提出"产能过剩是相对的，总需求不足是绝对的"，为我们用辩证的、动态的、历史的眼光来看待当前经济的主要矛盾提供了新的视角。

我一直认为，社会生产的总过程包括生产、分配、交换和消费四个环节，其中消费是一个容易被忽视的大问题。消费取决于生产，消费又是生产的目的和动力。通俗地说，消费不仅事关老百姓的衣食住行，还涉及国民经济可持续发展。根据这本书作者的研究，与发达国家相比，我国居民消费率低 30 个百分点左右，差距非常明显。这种情况是怎么出现的？与我们当前面临的经济挑战有怎样的关系？《消费繁荣与中国未来》提出"宏观消费抑制"概念，从居民消费和可支配收入占 GDP（国内生产总值）的比重、中国消费与产出在全球的占比等维度，对如何化解消费抑制提出了有针对性的建议，并做了很深入的分析。

在总需求不足的背景下，扩大内需的主要路径在哪里？前期我也关注到一些专家关于经济振兴政策的观点，有些专家倾向于推进新型城镇化，有些专家倾向于加快传统产业转型升级。滕泰院长近几年一直呼吁把提振消费放在首要位置，也提出了通过发放消费券、提高社保覆盖率、提高中低收入者社保水平、利用资本市场财富效应促消费等具体建议，这些观点都是从不同视角提出的有益的理论争鸣，可以为宏观决策提供更多的思路和参考。

面对内需不足的挑战，中央提出了"更加积极的财政政策"，因此国内外都非常关注中国的财政赤字规模。而这本书则提出，在中国当前的背景下，积极财政政策的效果关键不取决于规模，而取决于资金使用的方向和结构——如果搞大量低效、无效投资，赤字率和预算规模再大也未必有好的作用；反之，如果将更多资金用来惠民生、促消费，宏观乘数可以成倍扩大，这与中央经济工作会议提出的"大力提振消费、提高投资效益"是一致的。在此基础上，此书作者结合经济史和当前发展阶段的具体情况，提出中国财政政策需要尽快实现转型，从建设财政转向民生财政，这是财政政策转型理论的有益探索。

"大力提振消费、提高投资效益、全方位扩大国内需求"也对新时期的货币政策提出了新的要求。此书作者不仅主张适度宽松的货币政策要从总量上解放思想，在降息方面打开空间，在货币政策目标体系中要更加注重增长、就业、防通缩、稳定资产价格等国内经济指标，更进一步提出了要探索新的货币政策传导机制。多年来，每一轮信贷扩张都是通过房地产投资、基础设施投资、企业项目投资来实现的，如今这些领域的投资逐渐饱和，再通过这些途径实现信贷扩张已经不现实了。同时，各商业银行信贷投放都出现收缩，贷存比不断降低。因此，新时期的宽松货币政策需要新的传导机制，而这种新的传导机制很可能与资产价格和消费扩张的关系更密切，这些都是很有价值的理论探索，值得我们高度重视。

改革是实现消费繁荣的根本动力

消费乏力不是短期问题，还表现为结构性、体制性问题，必须通过深化经济体制改革，特别是市场化改革，才能真正保持消费稳定增长，加速将消费率提升到国际水平。因此，在制定"十五五"规划的时候，我们要把与消费有关的重大改革措施排到更前面，让消费的作用发挥得更大一些。

大力提振消费，全方位扩大国内需求，短期靠更加积极的财政政策和适度宽松的货币政策，长期关键是推进收入分配与社会保障制度改革。滕泰院长在书中提出了减少低效、无效投资，压减对出口和生产不必要的补贴，将更多的财政资金用于提升社保和改善民生，这些改革思路和我的想法不谋而合。

提振消费，要正确处理好政府和市场的关系。这个问题的关键是谁在资源配置中发挥决定性作用。计划经济高度重视投资，政府财政支出主要用于投资，这也形成了以政府为主配置资源的体制和观念。搞社会主义市场经济，应当以市场配置资源为主，但是很多同志始终认为政府在投资方面当仁不让，认为政府始终要发挥很大的作用，而在实施促消费政策时，也惯性地选择了行政主导的方式，这种思路的利弊得失，值得研究和总结。

党的十八届三中全会讲得很清楚，要最大限度地减少政府对资源的直接配置。消费和市场联系更紧密，消费是消费者的行为，是市场行为，怎样抓住消费行为的市场化、分散化特征，出台更加有效的政策，是一个很有价值的课题。例如，《消费繁荣与中国未来》一书的作者认为，如果实施消费补贴政策，最好的办法就是将"买什么"的决定权交给居民和家庭，我认为这是一个值得重视的方向，我们在制定政策时应当多考虑这个问题。

此外，提振消费、发展新质生产力不能仅靠国家和财政、靠国企和央企，还要靠民营经济的活力、竞争力和创造力。民营企业家的创新精神是发展新质生产力不可或缺的重要力量。我高兴地看到，这本书也深入分析了促进民营经济发展壮大对促进消费繁荣的重要作用，以及创新和新质生产力如何创造新需求的原理。这些探索与宏观消费抑制理论、财政政策转型理论、货币政策转型理论、收入分配体制改革理论等，共同形成了一个促进消费繁荣的完整体系，为系统地推动中国消费繁荣提供了一个可参考的研讨框架。

自 2020 年新冠疫情发生后，万博新经济研究院团队就一直在呼吁提振消费、出台消费补贴政策。我多次在相关的会议、内参和媒体上看到他们的观点和成果，他们提出的不少观点已经从最初的争议话题，成为现在的社会共识，也对决策起到了参考作用。当然，《消费繁荣与中国未来》一书对过度投资的某些批评言论可能有些尖锐，其观点也可以进一步斟酌、商榷，但是这些研究的出发点是建设性的，也具有积极的警示作用。考虑到扩大内需不仅是短期的逆周期调控政策，更是长期的重要国家战略，我期待看到更多相关的研究，也希望滕泰院长和他的团队保持这种对现实问题的关注与热情，拿出更多的成果，为中国经济的发展和转型做出更多的理论贡献。

彭森

中国经济体制改革研究会会长

2025 年 1 月

前　言

从消费抑制到消费繁荣，中国经济必须跨越的坎

未来 5~10 年，从美国到欧洲，从光伏、新能源汽车到芯片，从出口到海外投资，中国对外经济环境可能迎来改革开放以来前所未有的严峻挑战。与此同时，过去以扩大基础设施投资为主的逆周期政策效应正在递减，甚至出现越扩大投资越加剧内需不足的严峻情况。在这种背景下，如何形成以惠民生、促消费为主要特征的扩大内需政策体系，以及新时期的宏观经济治理模式，应该是"十五五"时期最重要的经济课题。

过度投资陷阱与消费抑制现象

改革开放 40 多年，中国经济经历了大大小小的波动，但这些波动都是在工业化和城镇化进程中速度快慢的区别，我们曾经认为，只要不断扩大投资，生产更多的产品，建设更多的住宅、道路和桥梁，

经济就能持续增长，没想到这些基础设施、产能、产品、服务都过剩了——原来，光有庞大的投资和生产能力还不行，还得有同样巨大的消费能力，才能让经济良性循环起来。

由于普遍的供给过剩和需求不足，各行各业都逐步感受到了经济下行带来的凛凛"寒气"。房地产、建筑、光伏等行业的严重供给过剩已经让这些行业的大部分企业陷入亏损，航空、快递、餐饮、网约车、教育等行业都越来越"卷"，连金融、软件开发、电子商务等行业也不断爆出裁员、降薪传闻。房价不断下跌不仅让数以百万的家庭面临着损失的风险，而且让地方政府的土地出让金收入大幅下降，原本被认为端上了"铁饭碗"的公职人员，也常常面临薪酬迟发的窘境……

与此同时，几十年形成的体制惯性和政策惯性在持续不断地扩大投资和生产，大量财政资金还在源源不断地被投入各种低经济回报、低社会效益的项目中，不仅挤占了消费，而且很多项目投资了100元却产生不了100元的GDP，宏观上平均的投资乘数也只略大于1，长期这样下去，中国经济很可能陷入当年曾让苏联经济失去活力的"过度投资陷阱"。

虽然越来越多的人开始认识到，只有消费繁荣起来，中国经济才能畅通，但中国长期以来重投资、重生产、重出口、轻消费的经济观念仍然没有转变——基本建设投资早已过剩，每年还有十万亿元级别的财政资金用于扩张投资；各行各业生产早已过剩，各级政府却还每年安排几万亿元资金用于补贴生产；出口早已位居全球第一，每年还有上万亿元资金补贴出口……

然而，中国经济内需不足的本质原因是中国所特有的消费抑制现象：只有 37%~39% 的居民消费率，以及 55% 左右的总体消费率，低于全球平均水平 20 个百分点以上。

面对长期日益严峻的消费抑制现象，我们这些年不仅在财政资金支持上杯水车薪，而且在货币政策传导机制上缺乏创新机制，在提高居民可支配收入、提高全社会保障水平方面，更需要深化改革。

挑战前所未有，转型迫在眉睫

一切政策和经济结构的转型，都是从理论认识和观念转变开始的。

消费，既是经济循环的起点，也是经济循环的终点，是人类一切投资和生产活动的终极目的，如果一个经济体的消费不够活跃，就如同人体的消化和吸收能力很差，食物长期堵塞在肠胃中，身体吸收不到营养怎么能健康？

消费不是浪费，而是满足人民美好生活需要的必然过程，如何从消费抑制到消费繁荣，迄今为止，还没有全面的认识转变和体统的改革安排。

2020 年以前，中国消费占比低、内需不足的矛盾虽然早就存在，但并不突出。2020 年新冠疫情突然降临，中西方所采取的不同应对模式，使中国的这一矛盾进一步放大，短短几年时间，就演变成制约中国经济增长的严重问题。

2020年，面对疫情带来的巨大冲击，美国、日本、澳大利亚、欧洲发达国家等普遍采取了大幅降息、大规模发钱等方式来扩大总需求，中国则既没有大幅降息，也没有大规模发钱促消费，而是把力量用在恢复生产、恢复供应链、扩大出口等方面。发达国家降息、发钱后需求旺盛，但是没有完整的供应链，因而需要采购中国的产品；中国虽然自身需求不足，但是有完整的供应链，受到发达国家需求的刺激，出口暴涨，产能和产量进一步迅速扩大——虽然那两年迅速扩大的中国产能正好被膨胀的发达国家需求所吸收，但是一旦特殊阶段过去，就会为后面进一步的产能过剩和总需求不足埋下隐患。此外，部分发达国家开始对中国出口采取贸易保护主义政策，内需不足的问题就更加严重。

早在2020年我们就开始呼吁，中国应出台不低于10万亿元规模的救助计划，主要以向中低收入者发放消费券等方式扩大消费需求。然而，在扩大投资与扩大消费之间，政策惯性地选择了扩大投资。2020年，中国经济虽然实现了正增长，但81%由投资拉动。我们认为，每一项投资在短期内的确形成需求，在长期则形成更大的供给能力，进一步加剧了供给过剩。而扩大消费需求，则急需消费补贴或股市上涨等第三种力量，来打破原来居民可支配收入低增长、消费不足的恶性循环。

2022年初，针对一些知名学者主张"继续依靠扩大投资稳增长"的观点，笔者明确提出，中国经济已经进入"后基建时代"，投资增速下滑不是短期或周期性因素，而是一个长期趋势。无论是工业化进程还是城镇化水平，都不支持中国的投资持续增长，投资率的下降将是不可避免的，如果违背经济发展新阶段的客观规律而人为扩大投资，就有可能像苏联在20世纪七八十年代一样，落入"过度投资陷阱"，受到经济规律的惩罚。

2023年初，笔者针对"消费拉动经济增长是故意误导中国"的观点展开了学术讨论，引起了学术界和决策领域的关注。

随着学术讨论的深入，这几年笔者提出的很多理论观点已经成为广泛的社会共识，比如：

- 中国投资规模如果真的以每年5%的速度增长，10年后固定资产投资每年要达到80万亿元以上，这可能吗？
- 如果按照全球20%~30%的平均投资率，未来中国每年新增固定资产投资规模只需要30万亿~40万亿元，每年可以节省10万亿~20万亿元的低效和无效投资。
- 中国的居民可支配收入占GDP的比重只有43%（也有略高的统计结果），扩大消费的关键是提高居民可支配收入的占比。
- 新冠疫情发生后我们扩大投资、扩大供给能力，而消费能力却持续萎缩，这放大了供需矛盾，是造成结构性总需求不足的重要原因。
- 建设财政适时而起，亦当适时而退，尽快转向民生财政。
- 促消费，货币政策应该发力，并把利率、经济增长、就业、物价和资产市场价格等影响国内经济全局的经济指标放在汇率等外部指标前面。

……

随着社会认知和经济观念的逐步转变，决策观念的转变和转型已经开始。

2022年10月，党的二十大报告提出，"着力扩大内需，增强消费对经济发展的基础性作用"，这是决策认知的重大变化，是决策观念对中国需求结构转型和消费作用的重新认识。

2022年12月，中共中央、国务院印发《扩大内需战略规划纲要（2022—2035年）》，强调消费已成为我国经济增长的主拉动力，最终消费是经济增长的持久动力，提出要"全面促进消费，加快消费提质升级"。

2024年7月，党的二十届三中全会后召开的第一次中央政治局会议明确提出，"要以提振消费为重点扩大国内需求，经济政策的着力点要更多转向惠民生、促消费，要多渠道增加居民收入，增强中低收入群体的消费能力和意愿"。

对于中央和国务院上述高度重视促消费的决策观念转变，很多部门和地方政府的认识还不够深刻，相关体制和决策行动的转变还是太慢、太滞后。比如，从目前的促消费政策来看，内容主要还是停留在文件重视、场景支持等层面，除了2024年家电以旧换新的1 500亿元补贴，其实真金白银的促消费政策并不多。

然而，从通货紧缩挑战、年轻人就业挑战、地方债挑战、提振股市挑战、化解房地产风险挑战、改善企业经营状况挑战等来看，经济发展的严峻挑战留给我们的时间已经不多了，而彻底解决这些挑战，必须从提振消费开始——只有促进消费繁荣，让消费激活市场，市场引领企业，企业再扩大投资和就业，中国经济循环才能畅通，中国经济才能复苏繁荣。

跨过这个坎，中国经济一定会更好

从消费抑制到消费繁荣，建成消费型社会，是中国经济必须跨越的一道坎。然而，从消费不足、企业产品销售不畅、年轻人失业率高、通缩风险、企业和居民资产负债表衰退等以消费抑制为特征的经济循环中走出来，仅仅依靠经济自身的力量是不够的，必须依靠强大的逆周期政策来打破，靠深化改革措施来扭转。也就是说，为了迈过这个坎，需要持续推动中国经济一系列的政策深度转型和深化改革措施。

跨过这个坎，首先要由建设财政向民生财政转型。具体而言，就是将财政支出的主要方向，从增加基础设施建设、补贴生产、补贴出口，尽快转向社保、医疗等民生支持，或直接补贴居民消费。

考虑到中国当前阶段财政资金用来搞投资的乘数效应略高于1，而用来发放消费券的乘数效应大于3的实际情况，只要持续致力于这一转型，每减少10万亿元低效和无效投资并转而支持消费，可带来30万亿元的总需求，中国经济总需求不足的顽疾可逐步化解，消费繁荣时代必将到来。

除此之外，还有很多地方财政资金用于补贴生产者，很多成熟和过剩产业还在享受着地方政府提供的免费土地、代建的厂房、低价的能源补贴、税收减免等，这在产能过剩的背景下显然已经不合时宜。还有，那些在20年前用于支持幼稚产业的出口补贴和退税，在出口竞争力已经很强大的今天，也应该尽快取消，否则，虽然补贴了国外消费者，但得到的却是高关税、反补贴税等贸易保护主义行为。

总之，财政政策必须深度转型，从扩大基本建设投资、补贴生产者、补贴国外消费者，逐步转型为惠民生、补贴国内消费者。

跨过这个坎，需要货币政策的创新机制。过去几年，中国的货币政策在实践中受到防通货膨胀、防房地产泡沫、防股市泡沫、防人民币汇率贬值等政策目标的影响。但随着中国经济形势出现斗转星移的变化，这些目标都已成为"过去式"，尤其是严重落后于过剩经济的现实——在过剩经济条件下，货币政策的首要目标应当是扩大总需求、防止通缩、防止经济失速、保证充分就业，绝不能因为货币供应不足和实际利率过高，而让经济长期低于潜在增长率。同时，过剩的房地产供给、过剩的上市公司股票供给、过剩的外汇储备等情况，都要求货币政策必须告别刻舟求剑的"过去式"影响，大胆坚决地实施宽松的货币政策，大幅降低实际利率，降低政府、企业和居民的融资成本，为技术创新、消费繁荣、房地产和资本市场发展提供充裕的流动性支持。

为了促进消费繁荣，中国的货币政策不仅需要尽快从过时的"准金本位"思想中解放出来，还需要探索新的货币流向理论和货币传导机制。过去的货币投放机制，更多是通过支持政府基本建设和企业投资传导的。今后，如何借鉴美国、日本等国的成功经验，探索通过资产市场价格的传导形成财富效应进而促进消费繁荣的新机制？

跨过这个坎，需要深化改革，提高居民收入促消费。消费是收入的函数，只有居民收入不断增长，消费繁荣才会有坚实的基础。然而，当前中国居民可支配收入占GDP的比重仍然较低，这是抑制中国消费的主要原因。

提高居民可支配收入，长期需要增加就业、提升工资水平，而就业和工资性收入的增长又需要以消费的繁荣为前提，这就会陷入"先有鸡还是先有蛋"的循环争论。

因此，从收入端入手促进消费繁荣，当前急需的是通过发钱、发放消费券等一次性收入增长或股市上涨带来的财富效应等外部力量，打破总需求收缩和收入下滑的循环，启动消费市场；而中长期则应当深化收入分配改革，减少公共部门、垄断行业和稀缺要素的分配占比，提升居民的转移性收入，建立起居民可支配收入增速高于GDP增速的长效机制。

跨过这个坎，需要产业结构的深度转型。中国传统产业大部分已经处于产能过剩状态，大量企业在有限市场展开过度竞争，转型升级的需求十分迫切。更为重要的是，人们对粮食等农产品、家电等工业品、交通运输等传统服务业的基本需求的增长空间是有限的——如果未来十几年中国的GDP再增加一倍，14亿人对粮食的需求也会增加一倍吗？中国人对家电、道路运输的需求也会无限增长吗？中国要实现从消费抑制到消费繁荣的转型，不可能依靠传统农业、传统制造业和传统服务业的需求扩张，因为人们对这些产品的需求毕竟是有限的，甚至是刚性的。笔者十几年前在《新供给经济学》一书中就提出，"乔布斯创造苹果手机之前，世界对它的需求是零，只有用新供给不断创造新需求，才能带来持续的经济增长"。想让新供给创造新需求，需要激发企业的创新活力，推动经济结构的深度转型。

跨过这个坎，需要中国民营经济的发展壮大。中国的民营经济在消费领域占比高，在服务业占比高，也是居民就业和收入的主要来源，因此，只有充分释放民营经济发展的活力，才能推动居民收入增长和消费繁荣。同时，无论是在新能源汽车、智能手机，还是在互联网、商业流通、餐饮服务业等领域，都是民营经济在引领各种产品、服务和商业模式的创新。民营经济是社会主义市场经济的活力源泉，只要努力提振民营经济信心，支持民营经济发展壮大，中国的消费繁荣时代就一定会到来。

跨过这个坎，需要建设消费型社会和全球最大的消费市场。在推动消费繁荣、居民收入增长的过程中，我们需要持续推动居民的消费观念根本转变，致力于打造消费型社会。中国老百姓不仅有着勤俭节约的传统美德，也有对美好生活的强烈向往。消费不仅是经济增长的手段，还是满足人民美好生活需要的必然过程，所有的产品和服务只有通过消费才能实现价值，所有的要素也只有经过消费才能获得相应的报酬。经济发展可以推动消费繁荣，消费繁荣也可以拉动经济发展，消费力是经济增长的动力。一旦在拥有14亿人口的大国建设消费型社会，中国必然成为全球最大的消费市场，不仅经济循环和经济繁荣问题可以解决，中国巨大的消费市场还是新时期最重要的国际竞争力。

虽然中国经济现在看起来很难，但毕竟这只是消费不畅、需求不足带来的经济循环问题——相对于之前40多年，从无到有建设全球最强大的基础设施、制造业产业链，形成全球最大的工程师队伍和素质最高的产业工人队伍，畅通消费、繁荣消费显然更容易，只要执行正确的财政和货币政策，推动提高居民收入占比的改革，将全球最大市场的消费能力释放出来，就能一扫阴霾，为中国经济增长重新打开巨大的发展空间。

在本课题的研究过程中，国家发展和改革委员会原副主任、中国经济体制改革研究会会长彭森，国家信息中心原首席经济师祝宝良，中国改革基金会国民经济研究所副所长王小鲁，中国政策科学研究会常务理事、经济政策委员会副主任徐洪才，中国连锁经营协会会长彭建真，中国民生银行首席经济学家兼研究院院长温彬，美团研究院执行院长厉基巍，快手集团副总裁、快手研究院院长余敬中，西京研究院院长赵建，北京居然之家投资控股集团有限公司董事长汪林朋，浙商证券联席所长、大消费负责人马莉，腾讯战略传播中心高级研究员王秀宁等专家，先后参加了我们的内部专题研讨会，并对课题报告提出了建设性意见，本课题还得到中国连锁经营协会、北京居然之家投资控股集团有限公司的大力支持，在此表示衷心的感谢！

从消费抑制到消费繁荣，只要我们持续推动全社会认知观念转变，进而推动政策和经济结构成功转型，并最终形成以惠民生、促消费为主要特征的扩大内需政策体系和宏观经济治理模式，中国经济前景一定会越来越好。

滕泰

2024 年 12 月 6 日

导 论
鉴往知来,寻找总需求不足的合适药方

在工业社会之前，人类面临最多的挑战是供给短缺，各个国家都经受过缺衣少食的痛苦。工业化解决了供给短缺的问题，但工业化国家却经历了一轮轮总需求不足带来的经济衰退甚至经济危机挑战。刚刚走出供给短缺的中国，也迅速迎来了总需求不足时代。虽然今天的总需求不足不再表现为近100年前的"大萧条"，但消费萎缩、失业率上升、股市低迷等经济紧缩现象一旦成为闭环，就要花几倍的力量才能摆脱。只有充分借鉴各国在历史上应对总需求不足的经验和教训，真正解放思想，与时俱进，才能为中国的总需求不足问题找到合适药方，为中国经济打开新的增长空间。

从罗斯福新政到"伟大社会"计划：美国是怎样提前拐弯的

在工业化进程中，美国经济也深受总需求不足之困。1929年大萧条就是一次总需求不足集中爆发导致的严重衰退，而当时诞生不久的美联储错误地采取了紧缩的货币政策，加重了衰退的程度，延长了衰退的时间。帮助美国走出大萧条的，是以大量的基础设施和公共投资来扩大政府开支的罗斯福新政。

1935—1941年，美国财政中用于各项公共工程的资金达140亿美元，仅联邦公共工程局主办的项目就有约25万个，包括12.2万幢公共建筑，66.4万英里①新道路，7.7万座新桥梁，850座飞机场，数以千计的医院、城市电厂和校舍，以及大批公园、游乐场、运动场和蓄水池。②

大规模的基础设施建设扩大了需求，创造了就业岗位，增加了居民收入，扩张了消费，经济逐渐恢复了正常循环，美国才走出了严重衰退困境。但随着经济和社会的发展，美国并没有将扩大投资的思路"教条化"，而是在20世纪60年代就开始了政府财政支出结构的主动转型。

1956年，时任美国总统艾森豪威尔签署《国家州际与国防高速公路法案》，可以说是美国最后一个实际完成的大规模财政投资基础设施建设项目，自此以后美国的财政支出开始退出基建领域。从财政支出数据看，罗斯福、艾森豪威尔、克林顿、奥巴马执政期间的基建投资每年平均占首年GDP的比重分别为4.00%、0.56%、0.29%、0.08%，③美国建设财政退出的步伐十分明显。

20世纪60年代，林登·约翰逊执政时期推出了"伟大社会"计

---

① 1英里约为1.61千米。
② 夏清成，菅明军. 美国30年代的经济大萧条和罗斯福新政[J]. 财政研究，1998,（12）：37-42+45.
③ 宋雪涛等,《美国基建启示录》, 天风证券研究报告, 2021年4月29日。

划，推动国会在教育、医疗、住房、反贫困、民权和环境保护等诸多领域通过相关法案，将扩张性财政政策的开支方向大规模转向民生领域。1965—1969年，联邦政府用于社会保险、福利补助等计划的费用增加了65%，其中援助穷人的各项社会福利开支增加了3/4左右，[①]从此美国的财政支出不断扩大，但医疗、社会保障等民生支出成为主要方向。

新千年应对经济衰退，为什么美国人只记得伯南克和鲍威尔

面对2008年全球金融危机和经济衰退，冲在一线的除了美国财政部长保尔森，更重要的人物是美联储主席伯南克。面对金融海啸，美联储果断降低利率，降低存款准备金率，并为深陷危机的金融机构提供贷款，出台了量化宽松政策，美联储直接购买国债向资本市场注入流动性。

同样，2020年面对新冠疫情冲击带来的经济衰退、美股反复熔断和人们的收入下降，时任美联储主席鲍威尔将联邦基金利率目标区间下调至0%~0.25%，开启"无上限"量化宽松，同时设立多种工具为金融机构和企业提供流动性等政策，化解了疫情对经济的冲击，稳住了金融市场。随后美国实施了总金额超过5.6万亿美元的多轮财政刺激计划，其中用于补贴居民收入和消费的接近3万亿美元，在很大程

---

① 徐以骅. 林登·约翰逊"伟大社会"述评[J]. 世界历史, 1986, (03): 23-32.

度上保证了美国居民的消费能力不出现明显下降，为经济复苏奠定了基础。

为什么美国在面对2008年全球金融危机和2020年新冠疫情造成的经济衰退时，没有再像罗斯福新政时期那样建水坝、修公路、建医院、建学校大搞基建投资，也没有学习约翰逊的"伟大社会"计划再次提升社会保障水平，而是敞开闸门给经济注入流动性，甚至直接发钱促消费？

同样的症状，对婴幼儿、青少年和中年人来说，治疗方法可能完全不同；同样的总需求不足，在工业化的早期、中期和后期，应对的措施当然也不同。

日本为何走弯路，又是怎样摆脱通缩和衰退的

1992—2000年，为了摆脱股市和房地产泡沫破灭之后的通缩困局，日本政府实施了136万亿日元的经济刺激计划，其中基建和其他公共投资加起来就接近72万亿日元。20世纪90年代的日本，工业化和城镇化已经完成，基础设施和公共设施相当完备，在这一轮基建大投资中，日本就修建了很多没有乘客的铁路、没有集装箱装卸和渔船往来的码头、没有汽车的高速公路……最终日本经济仍然深陷总需求不足的泥淖，这些基础设施投资不仅起到的成效甚微，而且造成了巨大的社会资源浪费，挤占了居民收入和消费。

到了工业化社会后期或者后工业社会，扩大投资很难继续带来增

量的需求扩张，很多投资既没有微观经济效益，也没有宏观乘数效应，对经济的拉动作用越来越小。这也是日本在1990年以后即使扩大基建，也没能将经济拉出通缩困境的原因。

"靠基建拉动摆脱通缩"失败以后，日本开始以宽松的货币政策应对通缩。2000—2012年，日本央行实施了零利率政策、量化宽松政策和全面量化宽松政策，但都因为过早退出或其他政策失误而功亏一篑。

2013年，日本时任首相安倍晋三和日本央行行长黑田东彦以极大的勇气和决心，推行了前所未见的超宽松货币政策。这一系列政策包括量化质化宽松（QQE）政策、"QQE+负利率"政策，以及"QQE+YCC（收益率曲线控制）"政策三个阶段，日本央行不仅大量购买长期国债，还将量化宽松的购买对象扩大到日本股市的ETF（交易所交易基金）、REITs（房地产投资信托基金），借此向市场大规模投放基础货币。

为了应对能源价格持续大幅下行带来的通缩倾向，日本央行还在2016年开始实施负利率政策，并辅之以收益率曲线控制操作，即在维持政策利率准备金 –0.1% 不变的前提下，通过灵活购买不同期限日本国债，将10年期国债收益率基本维持在0附近水平，而将短期国债收益率压低在 –0.1% 左右。

从2013年底到2023年底，日本央行的资产负债表规模扩张了223%，央行资产负债表相对于GDP的规模，远远超过了美联储和欧洲央行。2013—2021年，日本央行数次提升购买交易所交易基金的上限，从每年新增 1 万亿日元，提升到 3 万亿日元、6 万亿日元和 12 万亿日元，截至 2023 年 3 月，日本央行持有的交易所交易基金以账面价值看约为 37 万亿日元，账面价值约占 TOPIX（东证股价指数）成分股当时总市值的 5%。

日本经济在一系列超宽松货币政策的推动下，逐渐走出了通缩，实现了价格上涨、工资上涨、商业销售增长和 GDP 增长的正常循环，其在货币政策空间和操作上做出的大胆而成功的探索具有重大参考价值。

"越刺激，越需求不足"，中国怎么办

有效需求不足，是中国经济近年来面临的主要矛盾，因此，着力扩大内需也是宏观经济政策的重要着力点。然而，曾经很成功的扩大基建投资的办法，在近些年却遇到了"越刺激，越需求不足"的困境。

1998 年，为了应对亚洲金融危机，中国通过增发长期建设国债扩大投资（到 2004 年累计发行 9 100 亿元），主要投向农林水利、交通通信、城市基础设施、城乡电网改造和建设、国家直属储备粮库、经济适用房等领域，同时辅之以宽松的货币政策，到 2003 年，中国经济增速重回 10% 以上。

2008 年，面对全球金融危机带来的外部需求收缩压力，中国实施了以"两年新增 4 万亿元投资"为主要内容的大规模增加政府支出计划，与宽松货币政策和产业振兴计划相配合，到2009年第三季度GDP增速就重回10%以上。

2020年，为了应对新冠疫情冲击带来的消费下降，用于固定资产投资的国家预算内资金增长了32%，国债余额增加了4万亿元，地方专项债增加了3.5万亿元，赤字率达到6.19%（全国财政收支差额口径），虽然实现了2.24%的GDP正增长，但资本形成贡献率高达81.5%，不仅严重扭曲了经济增长结构，而且投资边际效益明显下滑，为后来加重总需求不足埋下了隐患。

工业化早期，工业品、基础设施和住宅等普遍短缺，对投资有着强烈的渴望，就像一个刚出生的婴儿，似乎吃多少都能消化，能帮助身体快速成长。到了工业化中期，经济进入供需两旺阶段，即使因为存货、设备更新等出现阶段性总需求不足，也可以通过扩大投资来弥补总需求缺口，熨平经济波动，这就是为什么在1998年和2008年中国扩大投资稳增长政策能够很快见效。

而在工业化后期，继续扩大基建投资，就会像20世纪90年代的日本，既没有微观效益，更没有宏观乘数效应，甚至投资越多，总需求不足就越严重。2017年以后，中国很多省份的GDP甚至小于该省份的固定资产投资额，1元的投资已经创造不了1元的GDP，说明中国经济也到了快速工业化的后期，靠继续扩大投资，已经无法解决总需求不足问题，甚至会加重需求不足——因为在项目建设阶段，投资可以扩大需求，一旦项目建设完成，投资就会增加供给。

今天的中国经济，一方面拥有全球最大的工业产能，另一方面总需求不足的阴影始终挥之不去。鉴往知来，我们应该做出怎样的选择？

是学习1990年的日本，继续扩大基础设施、工业产能和居民住宅的投资，还是重蹈2013年之前日本的覆辙，在宽松货币政策的道路上逐渐试探，浅尝辄止？

如果继续将近100年前的罗斯福新政作为扩张总需求的金科玉律，中国现在的发展阶段是否还具备当时的背景？如果学习20世纪60年代的美国，尽快将财政支出结构向民生方向大幅调整，我们又会遇到哪些观念、体制和利益方面的障碍？

今天，还有很多人心怀供给短缺年代的通胀恐惧，把正常的降息和降准当作"大水漫灌"，错误地批评任何宽松货币政策，更是错误地把美联储和日本央行搞过的量化宽松当成"洪水猛兽"，但几乎所有先发工业国家都采取了宽松的货币政策且已收到良好成效，工业化高峰已过的市场经济规律，是不是有着不可借鉴的"中西差别"？

这些问题，需要每一个关心中国经济的人思考。

中国有着勤劳智慧的劳动者和工程师队伍，以及充满创造力和冒险精神的企业家，建成了全球最完整的产业链和最大的工业产能，这些不应当是发展的包袱，而是进一步发展的基础和财富。只要我们为总需求不足找到正确的时代药方，建成全球最大、最具活力的消费市场，与强大的生产研发能力形成良性循环，中国经济就将进入新的高质量发展阶段！

第一章
消费抑制之痛

与发达国家相比，中国消费率明显偏低，居民消费占 GDP 比重不到 40%，低于全球平均水平 20 个百分点以上。著名投资人、阿里巴巴集团时任董事会主席蔡崇信曾说："中国的制造产量约占全球的 31%，但消费仅占全球的 14%，存在显著的不平衡。"这种宏观上的消费抑制现象，是各国经济发展过程中的普遍规律，还是中国所独有的顽疾？

第一节
消费抑制的严重后果

人们都有对美好生活的向往和追求,如果收入能够支持,消费扩张和升级是一个自然而然的现象。发达国家在迈向高收入水平的过程中,平均消费倾向(消费支出占可支配收入的比重)不断提升,生活水平不断改善,但中国居民的消费倾向却在下滑,消费占GDP的比重明显偏低,这种消费抑制现象,正在造成一系列严重的经济后果。

全球第一大消费市场,中国是更远了还是更近了

2020年11月,相关部门负责人表示,2019年中国社会消费品零售总额首次突破40万亿元，相比2015年增长42%以上，即将超过美国，成为全球最大的消费品零售市场。

然而，美国经济分析局的数据显示，2019—2023年，美国零售销售总额增长了33%，相当于增加了1/3个美国市场，中国国家统计局的数据显示，同期中国社会消费品零售总额只增长了15%。2019年，中国社会消费品零售总额与美国零售和食品服务销售总额之比为95.63%，此后这一差距并未缩小，反而扩大了，2020—2023年分别为91.44%、92.14%、81.00%、80.53%。

2019—2023年，美国个人消费支出只有在2020年是负增长，为-2.17%，其余4年均为正增长，2021—2023分别增长了12.66%、10.12%、6.00%，而中国居民消费支出则有两年为负增长（2020年，-4%；2022年，-0.2%），2021年和2023年都是在前一年低基数的基础上实现的较高增速，除了汇率影响，中美两国零售市场规模差距扩大主要由此而来。

打开当前中国最热门的社交软件之一小红书，搜索"省钱小技巧"，会发现相关内容的笔记数量已经超过57万篇（截至2024年12月）——最乐观的年轻人也不敢做"月光族"，而是在交流经验："怎样用800块钱过一个月""别人省500，你省1 000"……在市场经济中，个体消费抑制的背后，有着深层次的宏观原因。

微观层面的消费抑制，是指居民收入不足或储蓄过多而压缩了当期消费，导致消费倾向下降的现象；而宏观层面的消费抑制，则是指居民收入增长缓慢，在国民收入中占比低，以及社会保障程度较低，对经济前景预期变差等造成的居民消费在 GDP 中占比太低，从而导致总需求不足，经济循环放缓甚至陷入衰退的现象。

凯恩斯认为，消费不足的原因是边际效用递减和边际消费倾向递减，即人们从某一商品得到的边际效用是递减的，且收入越高，增量收入用于消费的部分越少，用于储蓄的越多，由此导致消费不足。而中国出现的消费抑制现象，还受到中国特殊的经济体制、产业结构、发展阶段和消费文化影响，既与中国的收入分配体制有关，也与中国的宏观调控机制，尤其是投资驱动的决策体制有关，其形成机理更为复杂。例如，在国民收入分配过程中，居民部门收入偏低，最终导致消费在总需求中的占比低于发达国家的正常水平，这是中国所特有的一种现象。消费抑制现象抑制了总需求，也抑制了经济增长，是中国当前经济循环不畅、经济增速下行的主要原因之一。

引发通缩风险，延迟美好生活实现

通缩是指价格普遍且持续下降。目前中国经济通缩的警报灯已经亮起，但很多人还没有认识到它带来的严重后果。

历史的经验证明，尽管引发通缩的原因和机制各有不同，但是当价格普遍进入下降通道后，通缩会造成严重的经济负向循环。消费者和企业在降价预期的推动下，就会选择推迟消费和投资开支。对于个体来说，这样做是明智的，晚点买更便宜，推迟投资花的钱更少，但是集体行动就会进一步导致消费紧缩和投资减少，进一步的消费紧缩和投资减少会强化价格下降和经济停滞的预期，形成恶性循环。这种通缩循环一旦出现，通常很难扭转，日本走出20世纪90年代以来的通缩用了20多年的时间，其间商业销售总额一度萎缩了32.8%，2012年的GDP比1997年下降了7.9%，经济产出遭受了巨大的损失。

1%的CPI（消费价格指数）涨幅是公认的通缩警戒线，2020年5月以后，中国CPI就跌破3%，截至目前已经4年有余，2023年全年基本在0的上下浮动，截至2024年10月，中国CPI已经连续20多个月低于1%，甚至个别月份出现了负增长，呈现明显的通缩特征。这不仅是经济学定义的经典通缩，而且是改革开放40年来中国第一次面对真正的通缩风险，其严峻性不容忽视。

消费抑制之痛，正在向生产、就业和收入传导

消费增速低于GDP增速，加剧了总需求不足。工业化高峰阶段过后，中国社会消费品零售总额增速开始进入下降通道，从2011年的18.23%下滑到2019年的8.00%（均为名义增速），新冠疫情发生后，两次出现年度社会消费品零售总额负增长（2020年，-3.93%；2022年，-0.25%）。

2024年9月，社会消费品零售总额累计同比增长3.3%，而第三季度GDP累计同比增速为4.8%（不变价），消费增速长期低于GDP增速，对于经济增长的拉动作用明显不足。

消费增长乏力必然导致企业销售放缓，收入增速放缓，新订单减少，库存增加，效益下降。中国规模以上工业企业的营业利润，从2022年7月到2024年10月的27个月中，已经累计出现19个月负增长。

消费需求不足导致就业形势，尤其是年轻人的就业形势变差。消费低迷导致市场疲软，企业营收和利润下降甚至出现亏损，不得已就会裁员，由此引发失业率上升，劳动者收入下降，消费能力和消费意愿进一步受损。

2019年以后，16~24岁人口的城镇调查失业率不断走高，2023年6月达到21.3%的最高点之后，统计部门暂停发布这项数据。2023年12月起，国家统计局对分年龄组失业率统计进行调整完善后，发布了不包含在校生的16~24岁劳动力失业率指标，2023年12月为14.7%，2024年8月最高上升至18.8%，10月略有回落至17.7%。

灵活就业人员数量和收入状况是反映就业形势的重要指标。有关机构推算，2021—2024年，以报酬计算的灵活用工市场规模扩大了93%。[1] 事实上，快递员、外卖员、网约车司机、电商主播、客服等灵活就业岗位，曾经靠加班加点还可以获得一份差强人意的收入，然而随着越来越多的人加入，这些岗位的竞争也越来越激烈，收入逐渐被摊薄。根据广州市交通运输局2024年7月2日发布的数据，2023年9月—2024年5月，广州报备网约车数量增加了24%，注册驾驶员

---

[1] 首都经济贸易大学、用友薪福社，《社会化共享用工理论与实践研究白皮书》。转引自《中国灵活用工市场七年激增超五倍！企业组织面临双重压力，灵活用工成为解决之道》，金融街网站，2024年4月24日。

增加了 7.3%，但同期网约车日均订单量则从 14.21 单下降至 12.22 单，日均营收也从 343.34 元下降至 311.63 元，创下营收新低。[①] 可见，消费不足的影响已经全面向生产、就业、收入环节传导。

---

① 《广州市网络预约出租汽车市场运行管理监测信息月报》（2024 年 5 月），广州市交通运输局网站，2024 年 7 月 2 日。

第二节
向消费型社会转型的挑战

消费型社会是居民消费在总需求中占主导地位,是走过短缺经济阶段、高积累低消费阶段、重生产轻消费阶段之后,以满足人民美好生活需要为经济发展目的的正常经济社会发展阶段。多数国家在发展过程中都曾经历艰苦奋斗、节衣缩食的短缺经济阶段,但无论是欧美发达国家,还是亚洲的日本、韩国、新加坡,最终都完成了向消费型社会的转型。从中国经济的发展水平看,目前应该加快建成消费型社会,然而,与经济体量、投资规模、出口竞争力等相比,中国居民消费仍然明显受到抑制。

收入增长伴随消费倾向提升的国际经验

虽然按照凯恩斯的理论,随着收入的增长,边际消费倾向有可能会下降,但实证研究表明,在迈向高收入国家的特定阶段,居民平均消费倾向不断提升。

例如,1969—1987年,美国人均GDP从5 000美元提高到20 000美元,其平均消费倾向从86.76%上升到88.60%,日本(1976—1987年)从71.80%上升到80.90%,澳大利亚(1973—1990年)从73.40%上升到87.05%,法国(1973—1990年)从80.66%上升到87.66%,韩国(1988—2002年)从72.54%上升到89.33%。[①]

上述国家平均消费倾向上升可能有多方面的原因,例如,经济增长带来就业增加和收入增长,财政政策及时转向民生方向,更好的社会保障体制消除了居民消费的"后顾之忧",宽松的货币政策推动资本市场发展带来了"财富效应",等等。

上述平均消费倾向的上升,对于各国提振国内消费需求,化解工业化后期的总需求不足挑战,推动经济的可持续增长,发挥了积极作用。

中国居民消费倾向低于发达国家20个百分点

在人均GDP从5 000美元到20 000美元的过程中,美国、日本、

[①] 王蕴,姜雪,李清彬,等.消费倾向的国际比较与促进中国消费倾向稳步提升的建议[J].宏观经济研究,2022,(03):30-45.

澳大利亚、法国、韩国和英国的平均消费倾向基本分布在70%~90%的区间内，随着人均GDP的提升，这些国家平均消费倾向的平均水平从80.5%提高到88%左右，而与之相比，中国的平均消费倾向低了20个百分点左右。[①]

国内有关消费倾向的研究表明，中国居民的平均消费倾向从1990年的85%以上，已经下降到新冠疫情暴发前的70%左右，其中农村居民的平均消费倾向大约为73%，而城镇居民的平均消费倾向为66%。从变化趋势上看，自2008年以来下行趋势有所加速，2020年疫情发生后居民平均消费倾向再创历史新低，其中城镇居民的平均消费倾向已经下滑到63%左右。

中国家庭最终消费占比低于美国30个百分点

在对经济活动的统计中，最终消费是构成支出法GDP的重要部分，最终消费支出可以进一步划分为居民消费支出和政府消费支出。在美国、日本等国和世界银行等国际机构的统计中，个人消费、私人消费、家庭消费与中国的居民消费是大体对应的概念。2021年，中国的人均GDP已经超过12 000美元，逐步向高收入国家靠拢，与美国、日本、欧洲国家已经具备一定可比性。但中国的最终消费和家庭最终消费占GDP的比重，均明显低于上述发达国家。

[①] 王蕴，姜雪，李清彬，等.消费倾向的国际比较与促进中国消费倾向稳步提升的建议[J].宏观经济研究，2022，(03)：30-45.

第一章 消费抑制之痛

先看最终消费占 GDP 的比重。中国这一比重在 1983 年一度达到 67.5%，1994 年下降到 58.2%，2000 年反弹至 63.6%，随后便一路下滑至 2010 年的 48.9%，2019 年反弹至 56.0%，2022 年又下降到 53.4%，比 2000 年下降了 10.2 个百分点。同期美国最终消费占 GDP 的比重从 2000 年的 80.04%，上升到 2022 年的 81.90%，上升了 1.86 个百分点，比中国高了 28.5 个百分点。

日本和欧洲发达国家等，最终消费占 GDP 的比重已经普遍在 70% 以上。2022 年，日本最终消费占 GDP 的比重为 77.17%，英国为 82.86%，韩国为 66.85%，欧盟 27 国为 73.80%，印度为 71.64%。[1]

再看家庭最终消费占比。中国家庭最终消费占 GDP 的比重在改革开放以后也呈现出下行趋势，最高点出现在 1983 年的 53%，此后便逐渐震荡下行，2010 年最低曾达到 34.33%，此后有所反弹，2019 年曾达到 39.25%，但 2022 年又回落至 37.39%。[2]

日本家庭最终消费占 GDP 的比重在 1971 年为 46.8%，此后基本保持上行趋势，1991 年日本泡沫经济破灭之前的比重为 49.9%，在此后所谓"失去的二十年"中，这一比重也没有下降，反而一路上升，2013 年达到 58.14% 的高点，此后有所回落，2022 年为 55.58%，比中国高了 18.19 个百分点。

美国家庭最终消费占 GDP 的比重从 2000 年的 66.02%，上升到

---

[1] 为保证可比性，均采取世界银行 2022 年数据，2023 年数据不全。
[2] 日本、中国家庭最终消费占 GDP 比重的数据均来自世界银行（由同花顺 iFind 金融数据终端提供）。

2022 年的 68.02%，上升了 2 个百分点，比中国高 30.63 个百分点。中国家庭最终消费占 GDP 的比重的下行态势，与美国、日本的消费需求稳定增长的格局形成鲜明对比。

美国、日本等工业化国家的消费增长过程，都经历了从大众消费到品牌消费，再到理性消费的过程，但普遍的特征是，在大众消费阶段，消费占 GDP 的比重提升到 50% 以上，此后这一比重基本没有明显下降，或者还会缓慢上升。

消费型社会，越消费越增长

在工业化的早期和中期阶段，往往是高投资驱动高增长，而到了快速工业化的后期，消费成为需求侧拉动经济增长的主要力量。从发达国家的实践来看，其经济增长的 70% 以上都是由居民消费所拉动的。

例如，2021 年，最终消费对美国 GDP 增长的贡献率达到 92.98%，私人投资的贡献率为 29.65%，政府消费支出和投资的贡献率只有 1.58%，净出口贡献率为 –24.39%；2023 年，最终消费对欧元区 12 国 GDP 增长的贡献率达到 90%；2020 年，最终消费对中国 GDP 增长的贡献率为 –6.8%（资本形成贡献率达到 81.5%），2023 年最终消费对 GDP 增长的贡献率达到 82%（资本形成贡献率为 28.9%）。

从供给的角度，经济增长的潜在边界是由要素投入、技术进步、制度变迁以及企业家精神的作用等因素决定的，总需求决定了潜在生产能力的实现水平和经济的实际增长速度,这是一条经济学的基本原理。但如果工业化大国能够实现消费需求的持续增长,也将提升潜在的增长率,这一点往往为人们所忽视。有学者指出,亚当·斯密在《国富论》中提出了"增长源泉是市场规模的不断扩大"的命题,这就将消费因素引入了增长的动因分析。①

首先,消费需求持续增长,能够推动分工细化带来的"斯密增长"。②消费繁荣带来市场规模的扩张,更大的市场规模能够容纳更多的分工,而分工是经济增长的重要源头。以大家都爱吃的火锅为例,最初开一家火锅店需要负责从买菜到服务的全流程工作,分工程度很低,随着火锅消费需求的增长和市场规模的扩大,分工逐渐细化为食材、底料、蘸料、耗材甚至店面装修等行业,还出现了堂食、电商、外卖等不同的业态。数据显示,中国的火锅行业在很长时间保持了10%以上的增长率,2023年整体销售收入已经超过6 000亿元,在很大程度上就是需求扩大、社会分工越来越细的结果。

其次,消费需求持续增长,能够推动创新带来的"熊彼特增长"。③消费繁荣就意味着有更多的产能可以利用起来,转化为要素收入和利润,这就为企业的研发等创新活动提供了可能。正是福特等美国汽车厂商通过降低车价,成功地扩大了汽车的需求,使美国成为"车轮上的国家",每年数百万甚至上千万辆的汽车销量,支撑着美国

---

① 匡贤明.消费能否拉动经济增长?——基于消费-增长路径的分析[J].经济体制改革,2015,(01)01:189-194.
② 滕泰.新供给经济学[M].上海:上海财经大学出版社,2019.
③ 同上。

汽车工业贡献出了车用空调、涡轮增压、转向助力、定速巡航等先进技术。

我们看到，流水线生产、按揭销售、超市、网约车、社交媒体等新模式、新服务和新产品都出现在美国，美国经济能够持续保持增长，与美国作为全球第一大消费市场，能够容纳、引发更多的创新和分工是分不开的。如果中国的消费市场持续繁荣，消费需求不断扩大，对于提升中国的潜在增长水平，也将发挥更加重要的作用。

投资与生产型社会的影响亟待转变

在投资与生产型社会中，投资在总需求中占据主导地位，社会观念更重视生产；而在消费型社会中，消费在总需求中占据主导地位，人们把消费作为所有经济活动的最终目的，生产和投资都为消费服务。

在成熟市场经济条件下，从投资与生产型社会向消费型社会转变，主要靠市场信号调节就可以实现。工业化高峰阶段过后，基础设施越来越完善，工业产能逐渐饱和，居民住宅也摆脱了短缺问题，投资的微观效益和宏观乘数都逐渐下降，在市场规律的作用下投资会逐步减少。与此同时，在居民收入增长、社会保障水平提升、资本市场财富效应以及消费信贷等因素的推动下，消费需求不断增长，需求结构就会向着以消费为主导的方向转型。

当前，中国需求结构中，虽然消费已经是总需求的主体，但消费占GDP的比重，尤其是家庭最终消费占GDP的比重，明显偏低。这种转型迟缓的主要原因是，在快速工业化阶段形成的政策、利益和观念，导致过多的资源被配置到投资和生产领域，使投资增速、投资规模和投资占比不能按照微观经济效益和宏观乘数效应的变化而调整。

因此，当前向消费型社会转型，是中国经济深度转型的主要任务。只有首先调整宏观经济管理的政策、观念和利益机制，从以生产、投资为中心，向以市场、消费为中心转变，中国经济才能走向良性循环。

第三节
消费抑制背后的深层次原因

除了居民可支配收入占比较低之外，经济增速下行带来的预期变化，例如深度老龄化与较低社保水平之间的反差、特有的城乡二元结构、庞大的低收入群体、高储蓄倾向以及对消费的限制性措施，都是中国出现消费抑制的深层次原因。

庞大的中低收入群体缺乏消费能力

2021年，我国脱贫攻坚战取得了全面胜利，现行标准下9 899万农村贫困人口全部脱贫，832个贫困县全部摘帽，12.8万个贫困村全部出列，完成了消除绝对贫困的艰巨任务。

但由于我国经济发展底子薄，且发展不平衡，低收入群体的数量仍然很大，这部分群体的边际消费倾向很高，一旦有增加的收入就会马上用来满足基本消费需求，但却苦于"无钱可花"。根据全国居民按收入五等份分组的人均可支配收入数据，20%的低收入组全年可支配收入为9 215元，月均768元；20%中间偏下收入组全年可支配收入为20 442元，月均1 704元。也就是说，中国有5.64亿人月均可支配收入低于1 700元。

2023年5月，全国30个重点城市房租费用平均为1 483元/室，1 700元的月收入在大城市很难维持基本生活。在中小城市，1 700元在维持基本生活开支之后，基本无力承担疾病等突发情况的开支，更不要说生育、养老等长期大项开支。对于农村居民来说，月收入1 700元用来应付生育、孩子上学、疾病、养老等问题也有后顾之忧。

这样庞大的中低收入群体，边际消费倾向很高，却没有消费能力，大量的工业品和服务供给就会显得"过剩"。因此，提升居民收入水平，尤其是低收入群体的收入水平，扩大中等收入群体规模，任务非常迫切。

老龄化加重、社保覆盖不足和二元结构

影响人们预期的，不仅是经济增速下降带来的就业不稳定和收入预期变差，还有社会老龄化程度加深和社会保障不足。2000年，中国65岁及以上老年人口占比刚超过7%。2023年，65岁及以上老年人口占比已经达到15.4%，中国进入深度老龄化社会。

与此同时，中国偏低的社会保障程度加重了居民对未来消费能力的忧虑。一些成熟市场经济国家的经验证明，社会保障体制的完善，有助于居民提高消费倾向，扩大消费需求。例如，欧洲国家社会保障支出占GDP的比重较高，2019年法国为23.86%，德国为19.74%，瑞典为19.04%，日本也建立起了较为完整的社会保障体系，社会保障支出占GDP的比重为16.13%（2018年数据），[1]而中国社会保障支出占GDP的比重在2020年达到3.21%，2021年下降到2.96%，远远低于成熟市场经济国家的水平。[2]

影响人们预期的，还有城乡二元结构和体制内外的二元结构，以及这些二元结构带来的收入和公共服务水平差距。一方面，中国已经实现了基本养老保险参保人数超过10亿人，基本养老保险参保率超过90%，[3]基本医疗保险参保人数超过13亿人，参保率稳定在95%以上。另一方面，目前还存在较为严重的城乡差别和体制内外差别。2022年，体制内人员人均养老金超过6 000元，企业职工大概为3 000元，而城乡居民不足200元，体制内人员的养老金是城乡居民的30倍。还有研究显示，中国机关事业单位人员与居民的公共养老金的比值达到68.63倍。[4]

---

[1] 以上数据来自经济合作与发展组织（OECD）。
[2] 刘元春在中国宏观经济论坛（CMF）宏观经济热点问题研讨会（第44期）"中国社会保障报告：现状评估与高质量发展"上的演讲，2022年4月16日。
[3] 基本养老保险参保率提高到95%——健全多层次养老保险体系[N].人民日报，2021-07-13.
[4] 爱德华·帕尔默，王新梅，詹鹏.中国城乡一体化的公共养老金：构建职工保与居民保之间的良性循环[J].社会保障评论，2022，6（01）：65-77.

这种城乡二元结构和体制内外二元结构，也制约了"新市民"的消费意愿。根据国家发展改革委公布的数据，2021年常住人口城镇化率为64.72%，户籍人口城镇化率为46.70%，其间相差约18个百分点，就是进入城镇生活但没有获得城镇户籍以及相应的公共服务的人口。为了获得教育、医疗等服务，他们需要付出更高的代价，同时由于未能获得与城镇居民同等的养老等社会保障，这些"半城镇化"的人口面临着未来生活更大的不确定性，也需要增加储蓄来进行应对，由此进一步降低了消费能力。有学者研究了农民工家庭的收入和消费水平，发现如果能让1.72亿外出农民工成为城镇户籍居民，享受均等的基本公共服务，人均消费可增长6 686元，由此产生的居民消费增量可超过1万亿元。[1]

除了医疗、养老等方面的保障不足，高房价对居民消费挤压严重，也是出现消费抑制现象的重要原因。中国城镇居民住房需求主要靠市场化的商品房满足，住房保障发展严重不足。2004年以后，中国楼市经历了几轮大涨，导致中国居民面临的房价收入比远高于国际公认的正常水平。在经历过几年房价下跌后，2024年上半年，中国百城房价收入比为10.6，一线城市房价收入比为26.3，二线城市为11.2，三、四线城市为7.9，[2] 而国际公认的正常房价收比为3~6倍，高房价对居民消费产生了严重的挤压。

---

[1] 蔡昉. 抓住户籍制度改革的机会窗口 [J]. 中国新闻周刊，2023（1102）.
[2] 房价降，购房压力减轻？百城房价收入比降至近六年低位 [N]. 南方都市报，2024-07-25.

家庭资产负债表衰退

近年来，居民储蓄增速明显加快，仅 2024 年前 10 个月就增长了 11.28 万亿元，达到 148.3 万亿元。从 2019 年 10 月到 2024 年 10 月的 5 年间，住户部门储蓄余额增幅达到 86.4%，而从 2014 年 10 月到 2019 年 10 月的 5 年间，只增长了 61.4%。为什么居民越来越倾向于更多地储蓄而不是更多地消费？

首先，新冠疫情发生后，各行各业的收入增速都不如以前，从居民可支配收入中位数增速来看，2020—2023 年分别为 3.8%、8.8%、4.7%、5.5%，明显低于疫情之前的增速。从在岗职工平均工资增速来看，持续多年的两位数增速也已经结束了，一些行业如建筑设计施工等出现普遍的降薪甚至裁员，人们的预期开始谨慎。很多服务性行业的市场主体持有的现金等资产消耗很大，收入却远远不及以往，预期下降就更加严重。以餐饮业为例，2020 年和 2022 年收入分别下降 15.4% 和 6.3%，2024 年上半年有超过 100 万家餐饮相关企业注销。

其次，房地产市场转冷后，很多买房负债家庭的资产负债表受到严重冲击，不少家庭已经损失了首付甚至更多，据估计，中国房地产市场总值约为 480 万亿元，从 2021 年 8 月到 2024 年 9 月，全国房价平均跌幅约为 18%，相当于损失了 86.4 万亿元的财富。

此外，中国股市多年持续下跌，使家庭财产性收入锐减甚至严重亏损。数据显示，2023 年公募基金整体亏损 4 347.74 亿元，加

上 2022 年整年亏损的 1.45 万亿元，两年的亏损合计近 1.9 万亿元，[①]
2023 年中国股票市价总值减少 1.5 万亿元，加上 2022 年减少的 12.8 万亿元，两年合计减少 14.3 万亿元，股市的负财富效应，让很多家庭的资产负债表严重衰退。

高收入者消费场景不足

位于收入光谱另一端的高收入群体，还面临着很多对高消费的限制性政策，用国家统计局原总经济师姚景源的话说就是，"我们是一脚'踩油门'扩大消费，另一只脚'踩刹车'，有诸多限制消费的措施"。[②]

例如，在汽车消费领域，目前还有北京、上海、天津、深圳、石家庄、广州、杭州和海南在实施汽车限购政策。

又如，在改善型需求占比已经越来越高的情况下，2006 年出台的住宅面积"7090 政策"，即商品住房总面积中，套型建筑面积 90 平方米以下住房面积所占比重必须达到 70% 以上，仍未完全取消；有关政策对别墅等高档住宅的建设仍然采取非常严格的限制措施。

2023 年，中国人奢侈品消费金额达到 1.04 万亿元，增长 9%，其中境内消费占 58%，境外消费占 42%，且中国消费者境外奢侈品消费

---

① 《2023 年，公募基金整体亏损多少？》，"中国网财经"公众号，2024 年 3 月 31 日。
② 《"中国经济季度观察·圆桌纵横谈"（上）：对经济一脚"踩油门"一脚"踩刹车"，这车能不冒烟吗？》，观察者网，2024 年 4 月 22 日。

客单价明显上升，平均同比上升 36% 左右。[①] 这与政策支持不足，甚至很多限制性政策尚未破除有关。

在游艇、私人飞机和奢侈品等相关行业，消费场景限制更加严重，高净值人群的购买力不得不流向海外，以游艇产业为例，尽管工业和信息化部、国家发展改革委、财政部、交通运输部、文化和旅游部已经在 2022 年 8 月联合发布了《关于加快邮轮游艇装备及产业发展的实施意见》，提出以满足游艇大众消费需求为重点，大力发展中小型游艇等政策方向，但很多地方仍然存在不少针对小型游艇的限制措施，如用于休闲垂钓的游艇不允许建造，四类、五类游艇不给登记，没有游艇泊位不允许登记，等等。[②]

高端消费是激发高收入群体消费活力的重要领域，中国在这一频段不应"失语""让位"，我们应当破除各种限制消费的政策，只要是符合社会公序良俗的消费项目、消费活动，都应当允许和鼓励发展。当全世界的消费者都盼望到中国南海驾驶游艇劈波斩浪，到中国新疆驾驶飞机飞跃戈壁雪山，到中国的赛车场加速竞逐，到中国来购买各种名表、豪车，到中国欣赏高端演出时，中国就不仅仅是世界工厂和世界研发中心，也将成为世界的消费高地和体验乐园。

---

① 《中国奢侈品报告》，"要客研究院"公众号，2024 年 1 月 18 日。
② 金潮，《深入剖析中国游艇消费市场发展滞缓的深层次原因》，"金潮谈滨水休闲"公众号，2024 年 3 月 25 日。

传统消费观念的与时俱进

儒家经典《大学》认为,"生之者众,食之者寡,为之者疾,用之者舒,则财恒足矣"。这就是说,只有让更多的人生产,更少的人消费,更快地生产,更慢地消费,财富才是够用的,并且认为这是"生财有大道"[①]。在农业社会中,生产力水平低下,产品总量有限,能够实现大多数老百姓的温饱就已经是太平盛世,因此必须对消费加以限制,数千年的传统文化的灌输,使中国人的节俭观念深入骨髓。

在工业化的早期阶段,由于资本要素的相对甚至绝对稀缺,人们往往也会采取压缩消费、增加储蓄用于投资的政策。德国著名社会学家马克斯·韦伯总结的"新教伦理",即劳动天职观念、职业成功意识、节俭致富倾向等,也是西欧资本主义国家发展初期人们通过压缩消费增加资本积累的一种意识。

新中国成立后,为了尽快实现工业化,我们在几十年的时间里采取了重积累、重投资、轻消费的经济政策,"鼓励储蓄,轻视消费"的观念深入人心,与数千年农业社会形成的节俭文化相结合,中国人从上到下都形成了不同程度的排斥消费的意识,认为只有生产才能创造财富,而将消费置于经济循环中相对不重要的地位,一些极端观点甚至将消费与消耗、浪费、奢靡等同起来。

---

① 王国轩(译注).大学·中庸[M].北京:中华书局,2006.

在市场经济体制下,需要更多人意识到的是,消费不仅仅是满足人们物质和精神需要的活动,从宏观角度来看,消费已经成为经济增长的主要动力。如果我们忽视了这个变化,继续抱持着"生产创造财富,消费耗费财富"的观念,就有可能使经济一步一步陷入生产过剩的衰退中。

当然,推动消费观念与时俱进,不仅需要转变社会公众认知,也需要政策转变并加以引导,例如政府要转变观念,把用于扩大投资、补贴生产、补贴出口的几万亿元财政资金节省下来,用于补贴消费,才能引领消费观念的转变。

第四节
从消费抑制到释放消费潜力

消费抑制既有微观主体的行为选择原因,也有深层次的宏观原因。从家庭选择而言,148万亿元的居民储蓄,如果能改善预期,提高社会保障程度,住户存款降低1个百分点,就能够新增1.48万亿元规模的消费需求。从宏观上讲,如果能够把中国居民可支配收入占比提高到国际平均水平,中国家庭收入可提高20万亿~30万亿元,可见中国从消费抑制到消费繁荣的巨大潜力。

天量居民储蓄:沉睡的消费能力

根据中国人民银行公布的人民币存款数据,2018年以后住户新增存款出现明显上升趋势，2017年住户新增人民币存款只有4.6万亿元，2023年增加了16.7万亿元，相当于2017年的363%——这种罕见的储蓄增长速度，意味着居民消费意愿和消费倾向的更大幅度下降。

中国人民银行的城镇储户问卷调查显示，2024年第二季度倾向于"更多储蓄"的居民占61.5%，倾向于"更多消费"和"更多投资"的居民只占25.1%和13.3%。从中国人民银行公布的图表来看，2019年以后，倾向于"更多储蓄"的居民占比已经持续数年呈现扩大的态势。

根据中国人民银行的数据，截至2024年10月，住户部门存款余额已经达到148万亿元，此外还有30万亿元的理财产品（中国理财网数据，截至2024年6月底），30万亿元的保险资产（国家统计局数据，2023年底），以上总量不低于200万亿元的财富，都是在沉睡中不断增长的居民消费能力。

从美国的经验来看，1950—1970年美国劳动者报酬占国内总收入（GDI）的比重持续上升，1970—1990年这一比重高位企稳，而20世纪80年代正是美国最终消费开支快速增长的"消费黄金时代"。[①] 沉睡的消费能力与活跃的消费能力之间，关键是推动居民消费信心由弱到强的转变，需要从根本上扭转他们的收入预期。只要能消除消费抑制，中国将很快成为全球最大的消费市场，消费需求将成为中国经济持续增长的强大动力。

---

① 姜超等，《美国消费缘何长期走强？——"消费和创新"系列之一》，海通证券研究报告，"姜超的投资视界"公众号，2019年4月9日。

高储蓄：放弃生活改善，牺牲流动性和收益

对于消费者来说，储蓄是当下消费和未来消费之间的选择，如果认为未来收入还会增长，或者生活有足够保障，就不需要太多的储蓄，而是会将当下的收入用来改善现在的生活。如果能看到确定性的投资机会，投资者就会将资金转入活期或者保证金账户，确保能够随时出击，抓住投资机会。对于投资者来说，定期储蓄就意味着放弃流动性，放弃收益。

为什么中国的消费者和投资者宁可放弃生活改善，牺牲流动性和收益，也要把钱存起来？

行业数据显示，近年来，中国消费者更新汽车和手机等耐用消费品的周期都在拉长。例如，中国消费者预期平均的换车周期为5.7年，照此推算2023年仅换购需求就应有1 700万辆，但实际销量远未达到这个数量，估计过去5年中国乘用车市场累计有3 000万辆的换购需求未释放，而推迟换车的主要原因是现金流紧张和对未来的经济前景不明朗。[①] 手机消费更新的周期也从最早的16~18个月，延长到20~24个月，最近已经拉长到36个月，而推迟购买新手机的原因中，收入位列第一。除了汽车和手机，金银珠宝和奢侈品消费也出现萎缩，2024年4—7月，金银珠宝类消费连续4个月负增长。

不仅耐用消费品的购买被推迟，服装和餐饮等必选消费品的消费

---

① 波士顿咨询，《两千万车市中的繁花，你看明白了多少？》，"BCG波士顿咨询"公众号，2024年5月17日。

也明显下降。2024 年 7 月，服装鞋帽、针纺织类商品消费下降 5.2%，餐饮收入仅增长 3.0%，客单价也明显下滑。消费减少和消费降级，说明由于收入减少或储蓄增加，越来越多的消费者放弃或者推迟了生活品质的改善。

同时，储蓄率的高企也意味着中国投资者的投资意愿低迷。2022 年民间投资增速只有 0.9%，2023 年更是进一步降低到 –0.4%，2024 年前 7 个月，民间投资累计增速为零。从国家资金流量表提供的住户部门证券交易保证金变动来看，2016 年以后均为流出状态，2016—2018 年分别流出 2 105 亿元、1 466 亿元、366 亿元，2019 年转为流入，但其后流入规模却逐年下降，2019 年流入 1 505 亿元，2020 年流入 1 446 亿元，2021 年仅流入 917 亿元。

总结来看，高储蓄是消费者放弃生活改善、投资者牺牲收益和流动性等多方面作用的后果，其中消费抑制是问题的根源。

住户存款降低一个百分点，新增万亿元总需求

中国居民的储蓄率一直偏高，这一现象甚至被称为"中国高储蓄率之谜"。数据显示，1982 年，中国的国民总储蓄率为 33.59%，此后呈阶梯上升态势，于 2010 年达到 50.65% 的历史最高位，之后虽有所下降，但仍远远高于世界平均水平。2021 年，中国的储蓄率为 45.55%，而同期美国的储蓄率为 18.09%，德国的储蓄率为 30.65%，日本的储蓄率为 28.11%。值得一提的是，2000—2021 年，中国的平

均储蓄率为 45.57%，不仅比发达国家的平均储蓄率高出约 20 个百分点，也超过众多储蓄率相对较高的新兴国家。[1]

工业化的早期和快速推进阶段，高储蓄率曾经为资本要素的供给发挥了重要作用，很多储蓄较低的发展中国家因此非常羡慕中国。但是工业化基本完成之后，随着供给过剩和需求不足的矛盾日益突出，高储蓄逐渐对扩大消费需求产生了一定的负面影响。因此，在工业化逐步完成之后，如何推动中国的高储蓄转化为消费能力，是一个重要的课题。

当然，我们并不是要提倡过度消费，只要将中国居民过高的储蓄率适当地降下来，就能为扩大国内消费提供充足的购买力。住户部门的存款降低 1 个百分点，就能释放 1.48 万亿元的购买力，再考虑到消费对上下游的带动作用，降低 1 个百分点的居民储蓄所能带来的增长拉动，将远远大于 1.48 万亿元。

与此同时，也需要辅以利率的调整，转变人们在当期消费与未来消费之间的决定系数，推动高额的居民储蓄这条"睡龙"活跃起来，让消费市场"油然作云，沛然下雨"，恢复生机勃勃的增长态势。

提高居民收入水平和社保水平的巨大潜力

在工业化的中前期，工业品和基础设施的短缺是主要矛盾，增加

---

[1] 吴建军. 中国高储蓄率的重新诠释及变化趋势 [J]. 学术月刊，2023，55（12）：41-51.

供给是当时的主要任务，因此，全社会都形成了"以生产为中心"的制度、政策和观念，用财政资金补贴生产、补贴出口。

在工业化中后期向消费型社会转型中，消费不足成为重要矛盾，为了实现消费繁荣，首先要将更多的资源从补贴生产、补贴投资、补贴出口转向提升居民的收入水平，改善居民的收入预期。例如，美国在 20 世纪 60 年代推出的"伟大社会"计划中将减贫和提升中等家庭收入作为重点，明确提出"通过增加低收入人群金钱或物质层面补助迅速满足其最基本生存需求"。1964—1969 年，生活在贫困线以下的人口占比由原来的 1/5 下降到 1/10，中等收入家庭的收入在 1965—1970 年增加了近 1 倍。[①]

当前，中国居民可支配收入占 GDP 的比重低于 50%，不仅低于美国 80% 左右的份额，也低于部分欧洲国家 65% 以上的水平。如果在 10 年内实现中国居民可支配收入倍增，居民收入占 GDP 的比重将提高 5~10 个百分点，基本达到欧洲国家 60%~65% 的水平，"消费抑制之痛"将逐步解除，如果最终消费占 GDP 的比重能提升到 70% 左右的水平，中国的"总需求不足之困"也将基本解决。

发达国家和中国的实践证明，如果没有社会保障或者社会保障不足，居民只依靠储蓄来覆盖医疗、养老等大额支出，一方面会出现因病致贫等现象，更严重的是导致居民消费信心严重不足，储蓄率不断攀升。只有建立起覆盖范围更广、保障程度更高的社保体系，才能

---

① 张心童，潘懿. 林登·约翰逊的"伟大社会"福利政策与其实践困境 [J]. 经济视角，2016，(06)：10-16.

有效解除居民消费的后顾之忧，提升消费倾向，推动向消费型社会转变。

例如，美国在1965年通过的《医疗照顾法案》，为符合参加社会保险制度和铁路员工退休制度条件的65岁及以上老人提供了90天的免费医院护理和100天出院后的免费家庭护理；同时凡有资格享受住院保险的老人、残疾人及其他所有年满65岁者，均可自愿投保，只要每月另交3美元的保险费，即可报销一般就诊费用和药费。《医疗援助法案》则规定，由各州政府为困难家庭提供医疗补助，根据各州人均收入的不同，联邦政府承担50%~83%的费用，这大大减轻了美国老年人和困难家庭的医疗负担。日本在1961年实施《国民年金法》，无论性别、职业、收入，均能以个人的身份获得养老年金，逐步实现了日本全体国民"老有所养"的目标。

与美国80%、澳大利亚和加拿大70%的养老金替代率相比，中国的养老金替代率仅为56%，不能保障居民退休后生活水平不下降；而且中国的社会保障存在严重的城乡差别和体制内外差别，这些都是宏观消费抑制的重要原因，当然，也蕴含着提高社会保障水平、释放消费需求的巨大潜力。

转型越主动代价越小

苏联经济长期以生产，尤其是重工业的生产为中心，严重忽略和抑制了居民消费，不仅使苏联的经济循环严重畸形依赖投资增长，而且苏联居民的生活水平也常年无法提高，是苏联经济停止乃至崩溃的重要原因。美国则通过减税和"伟大社会"计划等方式，主动培育民间的消费能力，较早就将财政开支向民生领域倾斜，使美国建立消费型社会的进程更加顺利，经济增长的动力切换也更为平滑。美国经济在第二次世界大战以后近80年的时间中保持了较强的韧性和持续增长活力，与美国及时建成消费社会有很大的关系。

从美国、苏联、日本等国家正反两方面的经验可以看出，在向消费型社会转型的过程中，可能会遇到体制、政策、利益和观念等方面的障碍。越是主动向消费型社会转型，代价越小；反之，如果在生产型社会的惯性主导下推迟转型，代价会更大。

第二章

过度投资陷阱

"过度投资陷阱"是指，日本和苏联等国在工业化和城镇化之后，继续无休止地扩大基建投资，从而造成社会资源扭曲、消费不足，并导致经济衰退、通货紧缩等严重后果。上述国家陷入"过度投资陷阱"的原因，既可能是重投资、重生产、轻消费的经济观念作祟，也可能是体制因素或利益驱使。当前我国基本建设投资的边际效益和宏观乘数已经大幅下降，每年低效投资、无效投资的规模巨大，但扩张投资的冲动依然十分强烈，需引起足够警惕，避免让中国经济陷入"过度投资陷阱"。

第一节
投资驱动越来越不可持续

有一次,我和一位做工程承包的朋友聊天。我问他做老板时,哪些年生意好做。他脱口而出:"2009年,'4万亿'的时候,生意真是好做!后来,慢慢就不行了。"新冠疫情发生后,他转行开了网约车。

投资稳增长,为什么不灵了

无论是应对1998年亚洲金融危机的影响,还是2008年全球金融危机对中国经济的冲击,中国的宏观政策都是以扩大投资为主。前一次累计增发了9 100亿元国债,后一次出台了4万亿元投资计划,效果立竿见影,经济很快回到正常甚至偏热区间,受益的规划设计、工程施工等相关行业都驶入了发展快车道。

对比1998年、2008年与当前的国内经济环境就会发现，当时具备的扩大投资所需要的条件，现在都不具备了，或者说已经发生了很大的变化，简而言之就是，从"有项目"到"没项目"，从"有效益"到"没效益"，从土地财政"有钱"到土地财政"没钱"。

1998年，中国还有大量的建设空白，北京城只修到三环路，还没有一条高速铁路，西电东送、西气东输、南水北调、青藏铁路、三峡水利枢纽工程、全国移动通信网络等大工程要么尚未开工，要么刚刚开始建设；2008年，中国第一条高铁"京津城际铁路"刚刚开通，高速公路里程相当于现在的1/3，只有10个城市拥有轨道交通，运营里程只有835千米，相当于2023年的8%，仍然有很大的项目投资建设空间。

如今，这些领域的建设很少再有空白点，地方政府要找到好的项目已经非常困难，很多已经建成的基础设施收益无法覆盖支出，需要政府补贴或者负债运营。据报道，在披露经营数据的数十家城市轨道交通公司中，能够实现盈利的凤毛麟角，一些城市的轨道交通，每位乘客每行驶1千米，轨道交通公司就要亏损0.82元。

据央视报道，甘肃天水的有轨电车项目一期工程自运营以来，年运载乘客仅约80万人次，收入160万元，年运营成本则高达4000万元。二期工程实际进度仅过半，就不得不刹车。类似投资数亿元却毫无经济效益和社会效益的项目，并不在少数。

1998年和2008年，基本建设项目的融资空间也明显高于现在，一是土地出让收入还处于起步和增长阶段，有力地支撑了地方财政扩大投资；二是地方政府的债务负担远远轻于当下，有很大的信用扩张空间；三是中央政府的赤字率只有1%左右，通过扩张赤字增加财政支付力度的空间也不小。

近几年地方财政的土地出让收入大幅下降，税收增速放缓，债务压力巨大，如果没有中央财政帮助化解，很多地方不仅无法扩张投资，基本运转也会出现困难。2023年底，国务院办公厅发文要求天津、内蒙古、辽宁、吉林、黑龙江、广西、重庆、贵州、云南、甘肃、青海、宁夏12个省区市在地方债务风险降至中低水平之前，严控新建政府投资项目，严格清理规范在建政府投资项目。

因此，项目、效益、资金，无论从哪个方面来看，继续扩大基建投资拉动增长的道路都已经难以持续了。

"铁公基"的时代已经远去

在工业化早期和中期阶段，供给不足是经济的主要矛盾，因此无论是工业产能投资还是基础设施投资、房地产投资，其乘数效应都是大于1的，有时甚至能达到3倍以上。例如，1996年的一份研究成果显示，中国东部12省市的投资乘数为2.64倍，而中西部18省市的投资乘数为3.11倍，[1] 在这个阶段，向基础设施和工业产能等领域的投

---

[1] 尹继君，姚丽琴.投资乘数与我国东西部经济增长[J].能源基地建设，1996，（05）：28-29.

资倾斜是合理的。

当前，中国快速工业化和快速城镇化高峰阶段已经过去，对基础设施、居民住宅和工业产能的投资需求基本饱和，这些领域的投资空间必然越来越小。以铁路建设为例，到 2023 年，我国铁路营业里程已经达到 15.9 万千米，其中高铁达到 4.5 万千米，而到 2023 年末，中国国家铁路集团有限公司名下的累计债务已达 6.13 万亿元，在每年亏损数千亿元的背景下，继续扩大高铁投资规模显然不可持续。

高速公路、机场建设同样如此。根据交通运输部的数据，到 2023 年底，我国高速公路通车里程为 18.36 万千米，稳居世界第一，且网络初步成形。2021 年，全国收费公路车辆通行费收入 6 630.5 亿元，支出总额 12 909.3 亿元，车辆通行费收支缺口达 6 278.8 亿元，全国收费公路债务余额近 10 年持续扩大，2021 年末，全国收费公路债务余额 79 178.5 亿元，比上年末增长 12.1%。[①]

在全国 240 个开通定期航班的机场中，过去两年盈利的不足 20%。民航局的数据显示，2020—2023 年，全民航累计亏损高达 4 201 亿元，航空公司亏损为 3 296 亿元。即使剔除新冠疫情的影响，国内多数机场仍无法实现盈利。

特色小镇建设在 2013 年以后一度成为热点，有关部门曾希望 5 年培育 1 000 个左右特色小镇，加上各省自行规划的特色小镇，总数很快达到 2 000 个。其中，仅 2018 年前就有 419 个"问题小镇"被

---

① 交通运输部，《2021 年全国收费公路统计公报》，2021 年以后数据未查到。

主管部门淘汰或责令整改，现在，多数小镇沦为烂尾工程或"空闲小镇"，已成为地方政府及建设运营方的负担。

连新基建也过剩了

还有一种观点认为，尽管中国的传统基础设施，如铁路、公路、桥梁等的增长空间已经不大，但新能源汽车需要充电桩，AI（人工智能）和大数据需要计算中心，这些新型基础设施建设项目将能够支撑中国的投资增速保持在较高水平，所以还是可以继续扩大投资，拉动经济增长。

实际上，5G（第五代移动通信技术）、人工智能、数据中心、充电桩等新基建，各自只有数千亿元投资规模，不仅与每年50多万亿元的新增投资规模相形见绌，而且商业属性强、投资风险大、收益高度不确定，更适合社会资金、风险投资等参与。

例如，数据中心前期需要大量资金投入，建成后就进入固定资产折旧期，但初期客户量少，资金回收慢，要经历一个艰难的爬坡期，只有机柜出租率/上架率达到50%~60%时，才能逐渐实现盈亏平衡，如果从建成到平衡的时间过长，这个项目就可能失败。对于数据中心项目来说，团队、销售、签单、上架、回款等因素和环节非常重要，这样高度市场化的投资领域，并不适合财政主导的稳增长资金投入。

不仅如此，目前光伏、风能等新能源基建已经出现过剩，西北很多光伏大省已经出现较为严重的弃光、弃风现象，新能源发电企业面临很大的亏损压力。而充电桩等新基建项目，一方面大部分是以企业作为投资主体；另一方面规模也达不到万亿元级别，与传统基建规模不可同日而语，难以支撑投资驱动模式。

在这样的背景下，仍然通过财政资金扩大投资来稳增长，边际效益的下降十分明显。根据国务院发展研究中心有关部门的测算，当前我国财政资金进行投资的乘数效应是1.06，至少有一半的省份财政投资乘数是小于1的。另据各省公布的数据，2014—2017年，中国有14个省份每年固定资产投资总额大于本省的GDP，虽然2018年以后各省市不再公布固定资产投资总额数据，但实际上各地方投资的乘数效应和经济效益这些年下降很快。也就是说，可能在更多省份，1元的固定资产投资已经不能带来1元的GDP。

第二节
投资驱动的历史与现实

工业化和城镇化前后，各国经济一般都会经历从短缺经济到供需两旺，再到需求不足的过程，在不同的阶段，投资对经济增长发挥了不同的作用，因此对投资也应当采取不同的政策。如果将短缺阶段的投资鼓励政策，应用到产品过剩、需求不足的阶段，必将引发更大的问题。

从短缺经济到过剩经济，投资的不同作用

南北战争之前，美国是一个典型的农业国，普通白人家庭也缺乏各种工业品供给。1808年，《禁运法案》导致进口中断，美国工业化

由此起步，"投资饥渴"现象非常典型，交通设施是投资的重点领域。水路方面，19世纪40年代美国运河长度已达到1 000英里以上，其中最著名的伊利运河长423英里，总投资700万美元，1825年开通后将美国内陆地区和东海岸（大西洋）的交通成本降低了95%。陆路方面，19世纪头10年美国就已经建成了数千英里供马车通行的收费道路，更重要的是铁路建设，1833年美国就建成了当时世界上最长的一条铁路，即南卡罗来纳州境内从查理斯顿到汉堡的铁路，全长136英里，到1840年美国的铁路通车里程已达到2 820英里，而欧洲这一年只有1 879英里，英国只有838英里。1830—1915年，美国铁路里程每年以近5 500千米的速度递增，工业投资也在低基数的基础上快速增长，1816年工业投资仅1亿美元，1860年就增加到20亿美元，即增长了19倍。①

1865年，美国内战结束，美国很多地区也在战争的破坏下陷入贫困。与此同时，内战消除了国家分裂的隐患，解放了大量的黑人奴隶，北方所主张的工业化进入加速阶段，总供给和总需求的扩张互相促进，呈现出供需两旺的景象，推动投资驶入了前所未有的快车道。

铁路仍然是这一阶段投资的重点领域。1850年时几乎没有铁路穿过美国中西部，1869年投资6 000万美元的美国横贯大陆铁路开通，这条铁路推动加州成为美国西部太平洋沿岸发展最快的地区。美国西部又先后于1861—1873年、1879—1883年、1886—1891年掀起了

---

① 戴志先.十九世纪的美国工业革命[J].湖南师院学报（哲学社会科学版），1981，（01）：59-65.

三次铁路建设高潮（1887年筑路达到20 619千米，创下了铁路建设史上的最高纪录），到19世纪末，横贯美国大陆的铁路干线已有5条之多。

有人估计，到第一次世界大战之前，美国投入铁路业的资金价值相当于全国总财富的1/10，[①] 到1916年，美国铁路总里程达到41万千米的最高峰，相当于当时全世界铁路总长的一半以上。在政府赠送土地等鼓励政策的刺激下，加上资本市场形成的铁路股票牛市推动，美国铁路的建设达到了严重过剩的程度，大量重复建设导致票价恶性竞争，真正盈利的铁路公司凤毛麟角，最终出现了铁路股票和债券暴跌，成为引发1857年经济危机的原因之一。

这一阶段基础设施和工业投资的迅速增长，形成了美国的高积累、高储蓄、高投资驱动增长的时代。1865—1914年，每10年资本形成总额占国民生产总值的比例达到惊人的22%~25%。在这一时期，美国的净国民储蓄占GDP或国内生产净值的比例在13.1%~13.9%之间，是8个资本主义国家中最高的（其余国家在–0.4%~11%之间）。[②] 1870—1913年，美国GDP平均增速为4.3%，人均GDP平均增速为2.2%，每一雇员产值年均增长率为1.9%，均高于英、法、德、日等国。持续40多年的高增长提升了美国在全球产出中的比重和排位，1890年美国就成为全球第一大经济体。

[①] 钟成勋.美国铁路建设的资金来源及其启示[J].投资研究，1995，(11)：11–13.
[②] 樊亢，贺力平.试析美国加速实现工业化时期的经济发展[J].美国研究，1988，(01)：84–105+5.

在高积累、高投资的推动下，美国的总供给迅速扩张，需求不足的问题逐渐开始积累，1929年爆发的大萧条就是总需求突然收缩引发的长期衰退。但总体看，美国的工业化和城镇化尚未结束，罗斯福采取了增加财政投资扩张总需求的"新政"，获得了明显的效果。

二战以后，美国的供给过剩和总需求不足的问题逐渐长期化，因此工业产能投资逐渐向美国以外转移，20世纪60年代有纺织、钢铁等产业向日本、韩国、中国台湾和中国香港等地转移，20世纪70—80年代，汽车、半导体等产业的制造环节也开始外流。20世纪50年代的"艾森豪威尔州际公路"计划之后，美国基本上没有再出台大规模的财政基建投资计划。

二战以后，日本经历的重新工业化过程，也可以看出供给短缺时期、供需两旺时期和供给过剩时期投资驱动的不同表现和特点。

1945年，面对战后日本工农业产品的全面短缺，日本政府认为，应当通过扩大投资、发展生产来应对，而不是用紧缩政策来抑制价格。通过复兴金融金库、倾斜生产方式等政策，为紧缺的煤炭、电力、肥料、钢铁等行业提供融资和原材料，1948年融资总额超过全国银行信贷总量的20%，相关价格补贴一度超过一般预算的20%。

20世纪50年代中期以后，投资与消费、供给与需求形成了良性循环，日本经济进入高速增长阶段。在这一时期，设备投资在GDP中所占的份额从10%增长到20%，经济增长方式开始向设备投资主导转变。设备投资需求的扩张主要包括下游需求向上游传导的"以投资带动投资"，以及伴随技术革新的设备投资两种力量，日本的生产能力和生产效率都得到了提升。与设备投资需求增长相伴而来的，是大众消费社会和消费革命。1955—1973 年，日本的批发零售业实际生产额的年增长率为 15.1%，到 1971 年时最终消费占日本 GDP 的比重达到 58.6%，家庭最终消费占日本 GDP 的比重达到 46.8%。

20 世纪 90 年代初，泡沫经济破灭，日本经济进入供给过剩或总需求不足阶段，大规模基建投资不仅不能挽救日本经济，还拖延了转型的步伐。从 20 世纪 90 年代初到 2012 年，商业销售额下降了 32.8%，GDP（现价）仅增长了 4%。日本政府也试图通过大规模的基础设施建设挽救经济，数据显示，1995—2007 年，日本的基础设施建设预算超过美国同期 3~5 倍，但是在工业化和城镇化完成以后，这些基建项目既没有经济效益，也没有社会效益，徒然浪费了宝贵的财政资金，日本经济不仅没有摆脱总需求不足的困境，反而在衰退的泥淖中越陷越深。

从发达国家的工业化历史来看，其都经历了供给短缺时期、供需两旺时期和供给过剩时期。在供给短缺时期，一般都会出现"投资饥渴"。在供需两旺时期，投资推动经济增长的乘数作用明显。而到了供给过剩时期，投资驱动模式逐渐不可持续。

从短缺到过剩：中国的投资驱动模式

改革开放之初，中国处于相当严重的短缺经济中，国有部门和民营企业普遍存在"投资饥渴"，使经济往往容易过热。以1984年开始的一轮经济过热为例，当年第四季度经济开始出现过热迹象，当年固定资产增速达到28%。1985年，宏观管理部门开始调控，2—9月国务院先后召开了4次省长会议，研究解决消费基金增长过猛、信贷规模过大、货币投放偏多、工业生产发展速度过快，以及控制固定资产投资规模和控制外汇使用的问题，[①]但当年固定资产投资增速继续上行达到38.8%，经过调控，1986年和1987年增速也有22.7%和21.5%。

2001年之后，中国已经具备了一定的工业化和城镇化基础，各种改革措施和加入世界贸易组织推动投资创造需求，需求拉动投资，中国经济进入了供需两旺的高速增长阶段。2003年，全社会固定资产投资增速再次达到23.8%的高增长，之后基本维持在20%~25%的高速平台期，直到2012年才降至17.9%。值得注意的是，2003年，全社会固定资产投资规模首次超过社会消费品零售总额，成为规模最大的需求。

2010年，全社会固定资产投资增速和社会消费品零售总额增速都开始下行，总需求不足开始出现。2015年投资增速为8.6%，2016年消费增速为9.5%，均进入个位数区间。从这一阶段三大需求对GDP

[①] 姜巍，张建军.1985年我国宏观控制和调节的基本情况[J].计划经济研究，1986，(04)：34-38.

增长的贡献率来看，消费的平均贡献率为58.9%，投资的平均贡献率为42.5%，净出口的贡献率为-1.3%。与上一阶段相比，消费的贡献率上升了10.5个百分点，而投资的贡献率下滑了13.1个百分点。说明投资的拉动效应正在逐渐减弱，中国需求侧增长动力开始出现变化。

2011年，中国城镇化率达到51.27%（按常住人口计算），历史上首次有超过一半的中国人在城镇居住和生活，标志着中国城镇化的高峰阶段已过，到2023年，这一比例达到66.16%。2012年，中国第三产业增加值占GDP的比重首次超过第二产业，到2023年，第三产业占GDP的比重达到54.6%，标志着中国快速工业化的高峰阶段已过，中国增长的动力结构开始深度转型。

从发达国家和中国经济的经验来看，在工业化和城镇化高速推进的阶段，基础设施、工业产能和居民住宅等方面的投资可以创造需求，可以对经济形成良性的促进作用。但过了工业化和城镇化高峰阶段，如果继续扩大投资，不仅会让经济效益递减，扭曲社会资源配置，而且会挤占消费，扭曲需求结构，甚至还会加重国家债务负担，加重通缩风险，造成经济衰退等严重问题。

第三节
过度投资：苏联和日本的教训

苏联经济为什么会在高强度投资中走向停滞和崩溃？日本为什么会被称为"建设中毒"的国家？当经济已经跨越快速工业化的高峰阶段，如果不能及时调整依赖投资的体制惯性、政策惯性和利益惯性，将投资的增速、规模和占比调整到合理的水平，就会不可避免地面临"过度投资陷阱"。

苏联和日本经济的教训

1929—1933年正是美国和西欧国家陷于大萧条的时期，而苏联则开启了自己的黄金时代：从1928年第一个5年计划开始到1940年，短短的12年时间，苏联整个工业产值增长了5.5倍，年平均增长率高达16.9%，其中重工业增长了9倍，年平均增长率为21.2%，这是世界工业发展史上从来没有出现过的。这种在中央计划体制下，通过高强度投资带来高增长的模式，被称为"斯大林模式"，载入苏联历史。

从赫鲁晓夫开始，斯大林的后继者逐渐认识到这种高强度投资不可持续，他们一方面试图对这种体制做出改变，另一方面却又被强大的惯性束缚而无法摆脱。为了维持经济增长，不得不进一步扩大投资，这就需要进一步压缩消费，而消费不足导致的总需求缺口，只能通过更大规模的财政投资来填补，导致苏联的投资规模不断扩大，而投资的边际效益却不断下降。有关研究表明，20世纪60年代，苏联每100卢布政府投资产生的效益平均为72卢布，20世纪70年代以后，平均降低到55卢布，到1980年以后更低，进而造成经济严重衰退。美国经济学家威廉·伊斯特利和斯坦利·费舍尔都用数量化的研究证明了苏联投资效益下降，对经济的拉动作用不断衰弱，是苏联经济最终陷入停滞的主要原因之一。

著名经济学家科尔奈在其著作《增长、短缺与效率》中详细比较了20世纪70年代以后，苏联和东欧国家与西方国家投资的不同。例如，1973年以后，受石油危机影响，投资效益下滑，欧美国家投资增速大幅下滑，但同时期苏联和东欧国家的投资都保持了继续扩张态势。关键在于，苏联负责投资决策的中央计划部门和国有企业领导人都缺乏来自市场的利润信号约束，对投资成本和市场价格相当不敏感，即使市场发出衰退的信号，也仍然会继续扩大投资。

从 20 世纪 70 年代初开始，苏联的经济增速日益下滑，劳动生产率也日益下降。到 20 世纪 80 年代，国民收入的增长速度已下降到"几乎临近经济停顿的程度"。按照美国中央情报局的估算，苏联国民收入年均增长率在 1966—1970 年为 5.1%，在 1971—1975 年为 3.0%，在 1976—1980 年为 2.3%。而按照苏联学者的估计，以上三项数据分别为 4.1%、3.2%、1.0%。[1]

在一个经济体中，投资增速和占比原本应当受到投资收益率的自然约束，当市场上缺少能够覆盖投资成本的投资项目时，市场主体自然就会减少投资活动。如果出于体制和政策原因，投资决策偏离了收益率的约束，经济增长过于依赖投资，导致消费增长缓慢，经济循环陷入停滞甚至崩溃的现象，就是"过度投资陷阱"。

1991—2012 年，日本也试图通过扩大投资来拉动经济摆脱通缩的泥淖，在政策主导下，很多财政资金投向已经饱和的基础设施建设，造成了大量"为投资而投资"的浪费现象。比如，日本东北新干线的某些车站"只听到青蛙声"，北海道高速公路"只有野鸭子跑"。长期定居日本的美国学者阿列克斯·科尔指出，计划中的 1995—2007 年，日本基本建设投入资金已达到 650 兆日元的天文数字，相当于同期美国相关投资的 3~4 倍，而后者的人口是日本的 2 倍，土地面积是日本的 26 倍。[2] 科尔认为，日本出现了"建设中毒"的症状，他在著作中写道，就经济学的观点而言，日本大部分的土木建设项目，根本没有

---

[1] 吴敬琏. 计划经济还是市场经济 [M]. 北京：中国经济出版社，1993.
[2] 科尔. 犬与鬼——现代日本的坠落 [M]. 北京：中信出版社，2006.

实际需要。那些由建设业所支持的数百万个就业机会，并非来自真正的经济增长，而是人为"制造出来的就业机会"，是由政府出资制造和维持的。这一庞大的"就业机会"的存在，也大大削弱并延缓了服务业、软件业和其他高科技产业的发展。[①] 在这段时间里，日本固定资产投资占 GDP 的比重最高达到 30%，但 GDP 增速基本在 0 附近徘徊，5 年出现负增长。日本经济企划厅经济研究所测算，1957—1971 年的公共投资乘数为 2.27，1966—1982 年为 1.47，1983—1992 年为 1.32，到 20 世纪 90 年代中期已降为 1.21，降幅达到一半。[②]

"过度投资陷阱"背后的观念、体制与利益因素

苏联和日本之所以会出现难以扭转的"过度投资陷阱"现象，有特定的观念、体制和利益因素。

苏联理论界一直僵化片面地引用关于生产资料生产优先增长的理论，来为重工业优先、投资优先的政策背书，加上在革命和战争时期的特殊历史条件下一度取得了良好成效的"优先发展重工业"政策被教条化，苏联经济调整遇到了强大的观念障碍。长期的计划经济体制和投资拉动增长模式，形成了强大的惯性，计划委员会的官员和国有企业的厂长、经理难以放弃他们在投资扩张中获得的权力和利益，构

[①] 科尔. 犬与鬼——现代日本的坠落 [M]. 北京：中信出版社，2006.
[②] 金仁淑. 日本构建"内需主导型"经济结构措施及效果评析 [J]. 日本问题研究，2023，37（04）：29-40.

成了经济转型的体制障碍。

1964—1982年，在勃列日涅夫担任苏共中央总书记时期，苏联也出现了"转变经济增长方式"的尝试，例如在1971年、1976年、1981年和1986年的苏共二十四大、二十五大、二十六大和二十七大上，都提出和强调了经济集约化发展方针，确定了"生产的全面集约化""整个国民经济转向集约化轨道"的方针，试图通过"控制总量与调节投资方向"相结合的方法，把建设速度调整到国力允许的程度。但由于观念没有转变，加上体制障碍，转变经济增长方式的政策并没有取得预期的效果。

当时，面对苏联决策部门提出的控制基建投资规模的要求，"各地区、各部门都是赞成压缩投资的，似乎都认识到了这个问题的重要性，而落实到具体每个地区、每个部门时，它们都认为自己并没有膨胀、没有失控，总是从自身利益出发要求扩大投资、上新的项目"[1]，因此，苏联经济在"过度投资陷阱"中越陷越深，造成了经济停滞和崩溃。

日本的过度投资扩张则主要受到利益集团的牵制。阿列克斯·科尔在研究后发现，与主管基建的日本政府部门有密切关系的几十家政府公司，"充分利用自身的丰富经验……有效利用同政府的千丝万缕的血肉联系，持续而成功地不断获得政府拨款"；而相关部门的负责人也可以获得直接的经济回报，或者退休后在营建单位得到高薪闲

---

[1] 汪学谦，傅志华. 苏联东欧各国对固定资产投资的调控[J]. 财经问题研究，1987，（12）：24-29+45.

职作为报酬。科尔指出,"公共事业在日本之所以迅速发展不断膨胀,是因为众多相关政府职能部门因此而获得实惠,极其有利可图"。[①]

而从投资和消费的特性来看,投资决策本身就具有"自上而下"的集中性,与行政计划更适应,联系也更紧密,而消费决策则是由千百万个家庭和个人独立做出的,具有"自下而上"的分散性,与市场经济更适应,联系也更紧密,这就造成了中国这样的转轨型经济体"上投资易,促消费难"的局面。

我国在工业化和城镇化的过程中,为了实施大规模的基础设施建设,推进工业产能提升和居民住宅建设,形成了相应的投资规划、管理和执行机构,大量的规划设计和建筑施工企业的收入和盈利也依赖投资的不断增长。如果要主动压减财政投资规模,必然面临相关部门和机构无事可做、相关企业订单减少的压力,这也在一定程度上导致财政投资规模的刚性增长。

---

① 科尔.犬与鬼——现代日本的坠落[M].北京:中信出版社,2006.

第四节
告别投资驱动

苏联和日本都曾经在既没有经济效益，也没有社会效益的项目上不断投资以期拉动增长，这些已经被证明是工业化、城镇化之后的错误选择，中国是不是还要重复？当 1 元的投资创造不了 1 元的 GDP 时，我们不能继续朝着"过度投资陷阱"奔跑，而是要尽快转型，远离"过度投资陷阱"。

中国投资每年增长 5%？放弃不切实际的幻想

2000 年以后，中国固定资产投资曾经多年保持两位数的增速，最高时一年增长 25.7%。近几年，固定资产投资增速虽然已经大幅回落到个位数，但仍然是拉动经济增长的主要力量。有人说，未来的投资增速"并不需要太高"，比方说未来10年，投资只要每年增长5%就可以了。

5%的投资增速，看上去很理性，也很克制，至少跟未来几年的经济增长目标是基本匹配的，但我们是否真的计算过，每年5%的投资持续增长，对中国经济究竟意味着什么？

2023年，中国全社会固定资产投资总额约为51万亿元，每年增长5%，如果持续增长10年，10年后全社会固定资产投资总额会达到80多万亿元。面对50万亿元的投资规模，我们已经面临严重的"项目荒"，不少地方已经没有可建的项目，为了填满项目表格，注水甚至造假的现象开始出现，10年后我们真有可能每年搞80万亿元以上的固定资产投资吗？

当前，中国高铁里程、高速公路里程位居全球第一，未来还有多大的空间去建桥、修路？中国14亿人，过去30年房产建设量占了全世界的一半，人均住房建筑面积已经超过40平方米，未来还有多少新建住房空间？在500种主要工业产品中，中国有40%以上产品的产量位居世界第一，新增工业产能还有多大空间？当该修的路已经修好、该建的桥已经通车、房子已经过剩时，我们怎么保持每年5%的投资增速？

从新增固定资本形成总额占GDP的比重来看，2022年美国、欧盟、日本和印度分别为21.27%、22.40%、25.96%和30.75%，同期中国这一比值为41.90%（见图2-1）。按照经济发展演进的自然规律，中国固定资本形成总额占GDP的比重未来将不可避免地向成熟市场经济国家的比值靠拢。未来10年、20年甚至更长时间内，中国GDP中投资占比从当前的40%以上，逐渐下降到30%以下，新增固定资产投资总额从现在的每年五六十万亿元下降到每年三四十万亿元是大势所趋——投资增速未来不仅不可能保持5%以上的增长，而且会出现负增长——对此，幻想着每年投资增长5%的统计部门、决策部门有没有充分的认识和准备？

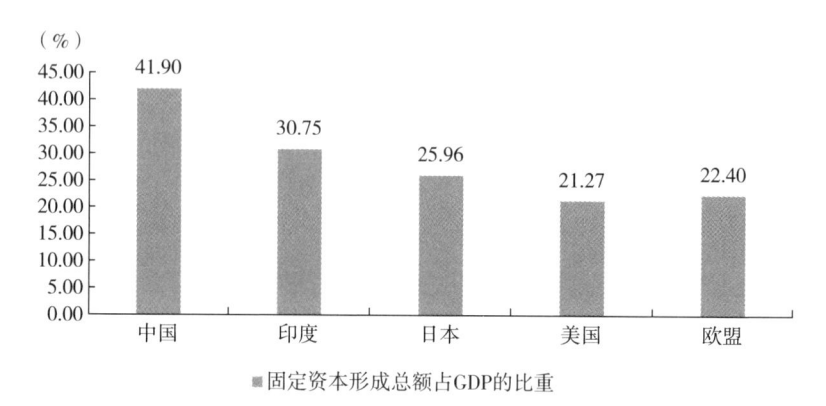

图 2-1　2022年各国固定资本形成总额占GDP的比重

资料来源：世界银行，万博新经济研究院。

别再让过度投资扭曲社会资源配置

工业化、城镇化高峰阶段过后，继续维持较高的投资率和投资增速，不仅会加重地方的财政风险，还会扭曲社会资源的配置。

与成熟市场经济国家相比，中国财政的一个重要特点就是经济建设费在财政开支中的比重一直较高。例如2010年，美国经济事务开支占比为9.64%，日本为7.19%，德国为10.00%，法国为6.09%，等等；而中国财政预算中经济建设费的占比，在经过多年的调整和下降后，2020年仍然达到26.45%。

这还是以一般公共预算为口径进行的比较，如果把政府性基金预算、国有资本经营预算，以及由政府主导的地方城投平台公司、中央和地方国企管理的资金纳入计算，那么中国政府主导的投资规模还要大出很多。

如果我们用100%减去民间投资占比来粗略衡量政府主导的投资比重，我们会发现在2012年这一比值为38.42%，2023年为49.46%，呈现明显的上升趋势。

按照市场经济的规律，投资是市场主体根据成本－收益分析做出的自主决定，而政府主导的财政资金投资，则让那些本已处于过剩状态的钢铁、水泥、建材、电缆、施工等行业，在财政信号引导下更加过剩。

当越来越多的资金、人力、物力被配置到这些低效率部门时，必然会挤占高效率部门的资金和资源，挤占居民部门的消费，从供给侧降低经济的运行效率，从需求侧造成消费需求不足，进而造成总需求不足。

莫让投资驱动再酿成地方债务风险

中国持续保持较高的投资率，资金的重要来源之一就是土地出让金收入。从 2011 年的 3.57 万亿元，一路增长到 2020 年的历史最高点 8.14 万亿元，土地出让金支撑着很多地方的基础设施建设投资。近两年，国内房地产市场的降温产生了持续的连锁反应，一些地方房地产相关税收和土地出让收入大幅下降，地方财政也显得紧张。

地方政府扩大投资的另一个主要资金来源是举债，近年来地方政府财政收入下降，债务压力越来越大。根据财政部公布的数据，到 2023 年末，我国地方政府债务增加到 40.74 万亿元，市场预计债务率已高达 140%。[1] 如果将地方政府通过融资平台融入的隐性债务纳入，则广义债务规模更为庞大。有数据显示，2023 年融资平台债务余额已经达到 50.1 万亿元。[2]

对于大部分地区来说，债务付息压力日益沉重，已经没有继续扩大基建投资的财力。2023 年，全国有 9 省市固定资产投资出现下滑，其中有 6 省市为重点省市，天津、广西、黑龙江、云南降幅居全国前 4 位，均超过 10%。

由于多年过度投资，地方政府的债务负担已经不可持续。中诚信国际测算，2023 年，地方政府债券付息支出占广义财政收入的比重已从新冠疫情前的 3.6% 上升至 6.7%，城投债务付息支出占广义财政收入的比重已超过 15%；2024 年，包括地方政府债券、城投有息债务

---

[1] 信达证券研究报告，《2024 年财政政策展望：结构、力度和工具》，"宏观亮语"公众号，2023 年 12 月 3 日。
[2] 马光荣，《完善政府债务管理体制》，"人大财税研究所"公众号，2024 年 5 月 29 日。

等在内的地方政府债务还本付息规模或超过10万亿元。①

随着一部分地方财政保基本运转已经出现挑战，继续用财政资金扩大投资，或用负债投资来换取一时的GDP增长，无疑是"饮鸩止渴"。

2024年11月8日，全国人大常委会通过了增加地方政府债务限额6万亿元，用于置换存量隐性债务的议案，同时从2024年开始，连续5年每年从新增地方政府专项债券中安排8000亿元专门用于化债，累计可置换隐性债务4万亿元。同时明确，2029年及以后到期的棚户区改造隐性债务2万亿元，仍按原合同偿还。上述3项政策5年合计化解12万亿元地方债务，2024—2028年地方需消化的隐性债务总额从14.3万亿元降至2.3万亿元。

此番"化债"组合拳明显带有纾困应急的色彩，而"缓过一口气"的地方财政，是继续扩大投资，还是尽快将支出向构建民生财政方向调整，答案已经非常清晰。

过度投资加大通缩风险

过度投资和供给过剩的重要表现就是价格指数的持续下降。从居民CPI来看，2011年CPI年度同比增幅达到5.4%，这也是此后十几年的最高点，此后基本呈持续下滑态势，2019年反弹至2.9%的相对

---

① 中诚信国际，《从"一揽子化债"的三个维度看当前地方投资压力》，同花顺iFind金融数据终端。

高点，2023 年回落至 0.2%。2024 年以来，月度 CPI 持续在小于 1 的区间运行，经济处于通缩的特征已经非常明显。

从工业品生产价格指数（PPI）来看，2012 年以后 PPI 出现了一轮超过 50 个月低于 0 的时期，2015 年以后，在去产能等政策的推动下，PPI 指数一度转正，但在 2017 年 2 月以后重新下滑，2019 年 7 月以后再度进入负数区间，2021 年初到 2022 年第三季度一度恢复正增长，2022 年 10 月以后再度转负，到 2024 年 10 月为 -2.9%。

可以看出，通缩的趋势最早发生在生产领域，也就是我们在 3 年前就提示过的"工业通缩"现象，目前已经蔓延到消费环节，消费品价格普遍持续下降，消费者推迟、压缩消费，企业普遍亏损甚至退出，居民就业和收入进一步恶化的循环正在形成。

2023 年底，笔者就撰文指出，"当前中国的通缩是我们必须面对的现实问题和最严峻的经济挑战之一"。在这种背景下，试图继续通过增加投资来扩大内需，将会继续刺激已经过剩的传统产业，如钢铁、建材、工程机械等增加产能，进一步加重相关领域的通缩风险。

远离过度投资陷阱

2000 年以后，中国进入投资高速增长阶段，全社会固定资产投资增速一直保持 10% 以上，2003 年以后增速甚至高于 20%。2008 年全球金融危机爆发，中国为了应对外部需求的急剧收缩，原本已经准备降温的宏观政策果断转弯，出台了"两年增加投资 4 万亿元"的逆周期调节计划，成功稳住了经济增速，同时也在更长时间内延续了投资增长的势头，一直到2015年，全社会固定资产投资增速才降至8.6%。

值得注意的是，2011年城镇化率超过50%，2015年，第三产业增加值占比超过50%，中国快速工业化和城镇化的高峰阶段已过，对新增供给的吸收能力在减弱，使投资短期扩张需求、中长期增加供给的特点越来越明显。

有学者认为，"维持一定的基础设施投资增速是实现经济增长目标的重要手段"，"中国的基础设施投资基本上可以由政府控制"，"在经济持续下行、预期不振的情况下，推动经济增长职能主要依靠基础设施投资"，基础设施"绝不限于铁公基这样的老基建，还包含着新基建以及一系列软性公共产品的提供"，"基础设施的可控性来源于中国的制度优势，是其他国家（包括美国）想学而不得的优势，放弃这种优势无异于自废武功"，等等。还有学者认为，"我们必须清楚，中国的经济增长，过去、现在，以及未来相当长时期，都是投资驱动型的"。

该如何看待这些观点？

改革开放以来，中国的投资率（资本形成总额占GDP的比重）一直保持较高水平，最低时也在30%以上，最高曾经达到47%，这在全世界各国的经济发展历史上都是罕见的。长期高强度投资不可避免地会带来收益率降低，如前所述，根据国务院发展研究中心有关部门的测算，我国当前财政资金进行投资的乘数效应是1.06，至少有一半的省份财政投资乘数小于1。

从资本形成总额对 GDP 增长的贡献来看，2009 年之后其整体也出现了下降的趋势，2015 年降至 22.6%，2021 年降至 19.8%，2023 年也只有 28.9%，而 2020 年出现 81.5% 的高峰，是在新冠疫情冲击下加大投资稳增长的特殊结果。

从投资增速来看，其已经从 2009 年的 25.7% 下滑至 2023 年的 2.8%，更能够代表市场性、自发性投资的民间固定资产投资增速已经在 2022 年底跌破 1% 的警戒线，截至 2024 年 10 月已经累计出现 11 个月的负增长。当前全社会固定资产的增长主要靠财政主导的投资拉动，考虑到上述投资乘数效应的不断下滑和地方政府越来越严峻的财政状况，这种投资增速、规模和占比无疑是不可持续的。

扩大投资的确曾经是我们的制度优势，但投资在建设过程中形成需求，在项目建成后就会扩大供给，就如同 2020 年面对疫情冲击我们靠扩大投资实现了正增长，但两年以后这些投资就成为形成供给过剩的力量，进一步造成需求不足，在这样的新阶段，如果我们只擅长扩大投资，只擅长以"报项目、审批项目、上项目"为主的投资驱动体制，不重视、不擅长、不情愿扩大消费，那么在未来的全球竞争中，曾经的制度优势就会变成我们的决策劣势。"中国的经济增长，过去、现在，以及未来相当长时期，都是投资驱动型的"的观点，显然与事实不符，按照这种观点去指导我们的经济工作，又会面临落入"过度投资陷阱"的风险。

在工业化的早期和中期阶段，由于当时的供需关系是短缺经济和供需两旺，投资对经济增长发挥过重要的推动作用，甚至可以说在特定时间内起到过基础作用，但在快速工业化高峰阶段过后，在总需求不足的背景下，传统的基建投资、工业投资和房地产投资不可能再对经济增长发挥基础性作用。在新的时期，投资应当在特定的领域发挥关键作用。这也就是为什么党的二十大报告指出，要"增强消费对经济发展的基础性作用和投资对优化供给结构的关键作用"。2022年12月发布的《扩大内需战略规划纲要（2022—2035年）》再次强调，要发挥"消费的基础性作用和投资的关键作用"。

所谓投资的关键作用，主要是指财政主导的投资，应当在提供必需的公共物品和优化供给结构等方面，发挥较强的引领、带动和杠杆作用。发挥财政主导的投资的关键作用，应当把握以下两条原则。

一是投资项目的必要性应当经过严格论证，避免出现没有实际用途的"晒太阳"项目和后续耗资巨大而无以为继的"白象"项目。二是要减少低效、无效投资，为促消费、惠民生提供需要的财力。

只有这样，才能避免中国重走苏联和日本错误依赖低效、无效基建投资拉动经济的弯路，发挥好"消费对经济发展的基础性作用"，实现高质量发展，远离"过度投资陷阱"的风险。

第三章
总需求不足之困

改革开放初期，我们饱受供给短缺的困扰，想尽办法增加投资、扩大产能。然而，当中国经济翻越了工业化的顶峰，供给短缺早已成为历史时，供给过剩或总需求不足却开始困住中国经济，如何才能破局？

第一节
产能过剩是相对的，总需求不足是绝对的

中国经济当前遇到的各种困难，如经济增速下滑、居民收入增长缓慢、企业利润萎缩、行业"内卷"严重，归根结底是因为总需求不足。总需求不足和产能过剩，看上去是一枚硬币的两面，甚至是同一个问题，但实际上二者还是有微妙的差异。

相对的产能过剩和绝对的有效需求不足

1920 年，美国粗钢产量达到 4 280 万吨，占到全球总产量的 60%，美国是不是应该为产能过剩而担忧？1933 年大萧条后期，美国钢铁产量下降 76%，这是否实现了市场均衡？40 年后的 1973 年，美国的钢

铁产量达到1.37亿吨才见顶，这时候人们又怎能想象2020年世界上会出现一个钢铁产量超过10亿吨的国家？

2023年，中国民航国内航线完成旅客运输量约6亿人次，而中国还有10亿人没有坐过飞机，如果能够让其中3亿人来一次乘坐飞机的往返旅行，旅客运输量就会增加100%，中国民航的运力马上会出现短缺。2023年，中国建筑陶瓷行业为销售低迷所苦，但中国还有5亿人没有用上抽水马桶，2.7亿套房龄超过20年的老房子中，有不少已经多年没有装修。如果让5 000万个家庭第一次用上抽水马桶，让2 700万套房屋重新装修，那些原本供给过剩的相关行业，会不会又变为供给短缺？

当前，中国的千人汽车保有量约为210辆，美国已经超过800辆，日本也接近600辆；中国居民每年平均服装支出为1 200~1 450元，日本、韩国工薪家庭为每年2 500~4 000元，美国居民为每年5 000~5 500元；日本居民生活年度人均用电量是中国的2.57倍，第三产业人均用电量是中国的2.65倍，美国居民生活年度人均用电量是中国的5.07倍，第三产业人均用电量是中国的4.70倍[1]……由此粗略估计，中国的汽车市场还有3~4倍的需求增长空间，服装市场还有4~5倍的需求增长空间，服务业和家庭用电还有3~5倍的需求增长空间，因此，产能过剩是阶段性的，是相对的，而有效需求不足才是绝对的。

---

[1] 左前明、周杰，《电力行业专题报告：2020—2025我国电力电量需求分析与展望》，信达证券研究报告，2022年4月7日。

如果东南亚、非洲等地区都达到中国一半的基础设施建设水平，达到中国 10 年前居民的生活水平，又会需要怎样的钢材、水泥、石化和其他产品的产能？因此，从动态的、发展的眼光来看，问题的本质不是产能过剩，而是购买力不足，也就是有效需求不足，产能过剩是相对的，而有效需求不足是绝对的。

长期低于潜在增速，是巨大的福利损失

一个国家的经济能够以什么样的速度增长，其边界最终是由劳动、土地、资本等要素投入，以及技术驱动力和制度条件所决定的，这个增长速度就是经济的潜在增长速度，可以表示为：

$$\frac{\Delta Y}{Y}=\alpha\frac{\Delta L}{L}+\beta\frac{\Delta K}{K}+\gamma\frac{\Delta W}{W}+\frac{\Delta A}{A}+\frac{\Delta S}{S}$$

其中，Y 代表潜在 GDP，L 代表劳动，K 代表资本，W 代表土地，A 代表技术，S 代表制度。

也就是，产出增长率 =（劳动份额 × 劳动增长率）+（资本份额 × 资本增长率）+（土地份额 × 土地增长率）+ 技术贡献 + 制度贡献。[1]

现实中的经济增速往往低于潜在增速，而实际增速在多大程度上接近潜在增速，则取决于总需求在多大程度上接近潜在增速所代表的总供给。也就是说，供给侧条件决定了经济增长的最大可能性，而需

---

[1] 滕泰.新供给经济学[M].上海：上海财经大学出版社，2019.

求侧条件决定了经济增长的现实水平。

如果总需求低于潜在的总供给水平，就会导致生产能力的闲置，这种情况如果长期持续，一方面会造成产出的损失，另一方面会让生产要素退出市场，造成潜在增长能力下降。

这就像一家面包店，员工、设备、场地、技术和管理制度决定了它每天生产面包量的上限。比如面包店每天生产1 000个面包，如果周围的居民每天只购买800个，就意味着这家店有员工、设备甚至场地是闲置的，这种情况持续下去，店主就要考虑裁员、处理设备、退租部分场地。这就意味着劳动者、房东的收入下降，进而劳动者和房东也会减少他们的消费开支，就会导致买香肠和衣服的需求下降，香肠店和服装店也会裁员、退租……这样的情况持续下去，整个经济都将陷入紧缩的循环中。

相反，如果周围居民的消费能力正常，每天能买1 000个面包，就意味着面包店可以将所有的员工、全部的设备和场地都利用起来，员工能得到足额的工资，房东可以及时收到房租，供应商的货款也可以按时结算，经济就步入了正常的轨道。

接下来面包店的兴旺带动了社区的繁荣，周围居民的消费能力上升，每年能买1 200个面包，这就要加班才能满足需求，设备将会满负荷甚至超负荷运转，面包店和员工的收入都开始增加，如果这种情况持续下去，店主就要考虑招聘更多员工、增加设备、扩大场地，这将为更多的劳动者、设备厂商和房东带来收入，经济将变得更加繁荣；而利润增加以后，店主也有更多的实力去考虑增加蛋糕等新的品种，周围居民的采购清单也将变得更加丰富。

这个微观的案例，可以放大来考察整个宏观经济的变化。1992—2012年，日本陷入了长期的经济实际增速低于潜在增速的状态，1970—1980年日本GDP年均增长4.6%，1980—1990年年均增长4%，而1992—2012年年均增长仅为0.8%。如果1992年以后日本能够保持3%的增速，简单推算到2012年日本GDP将达到7.21万亿美元，而2012年日本GDP实际只达到6.27万亿美元，这样简单推算发现损失就有将近1万亿美元。如果考虑到需求增长、利润增加而引发的创新成果等因素，这"失去的二十年"带来的损失就更大了。

以上仅仅是从数量的角度计算了一个经济体因实际增速低于潜在增速而可能引发的损失，长期的需求不足导致的低增长和衰退，还将导致生产要素退出市场、创新减少、分工退化，由此进一步引发经济的潜在增速下降，整个国家的增长潜力和竞争力都将受损。

从去产能到创造新需求

古典经济学所蕴含的一个基本假设是，供给能够创造自身的需求，因此需求不足是不会出现的，这就是"萨伊定律"。1929年大萧条以后，人们不得不痛苦地接受，完全自发自动的市场调节无法实现自动均衡，凯恩斯经济学理论将需求不足的原因归结为边际消费倾向下降、投资边际收益下降和流动性偏好这三大心理定律。面对1929年的大萧条，凯恩斯认为，"只要执行正确的宏观经济政策，使投资等于充分就业下的储蓄，萨伊定律是可以成立的"。如果让凯恩斯来看现在的中国经济，他将会看到——财政主导的投资边际收益已经下降到不可持续，而居民的消费倾向明显低于成熟市场经济国家。面对这样的结构性需求不足，凯恩斯将会做出怎样的诊断，开出怎样的药方？

回顾过去二三十年我们多次与所谓过剩产能"斗争"的历程就会发现，用静态的眼光衡量产能的多寡是不够科学的，强行"治理"过剩产能往往会人为放大下一个阶段的供需缺口，带来更大的波动。

例如，1998年开始施行限制电力投资的政策，5年没有审批新燃煤电厂，电力投资急剧下滑，结果2000年珠三角等地区开始出现电力紧张，2001年经济建设开始加速，电力需求增速大幅提升，2002年限电开始区域化，12个省份出现拉闸限电。

又如，2003年对钢铁、水泥、电解铝、平板玻璃、船舶五大产能过剩行业进行治理，到2007年这些产业都出现了供给不足，价格大幅上涨，2008年出台4万亿元投资计划，进一步加剧了这些基础原材料产品的供给不足，螺纹钢的价格从2003年9月的3 000元左右上涨到2008年6月的5 550元。

再如，2015年提出去产能措施，最初意图是让"僵尸企业"退出市场，但在实践中不少地方政府和管理部门将去产能扩大化，造成供应紧张和大宗原材料价格暴涨。2016年以后，焦炭指数最高涨幅244%，焦煤指数最高涨幅194%，螺纹钢指数最高涨幅123%，铁矿石指数最高涨幅124%，铝、铜等有色金属、造纸原材料、PTA（精对苯二甲酸）、粘胶长丝等纺织原料均出现不同程度的涨价。

这种运用行政手段进行去产能的做法，一方面干扰和扭曲了市场机制正常发挥作用，另一方面没有看到经济增长、新供给创造新需求的巨大潜力。如果我们认为不锈钢只能用来制造餐具、精密仪器，产量很容易就过剩了，这时不锈钢的用途被扩大到家电、汽车和工业设备，很快又出现了供给不足，产能满足这些领域的需求之后，用途继续扩大到包装、建筑，甚至路边的隔离栏和垃圾桶都用不锈钢来做，供给可能再次短缺……

虽然出台了严厉的钢铁去产能，但2015年以后中国钢铁产量还是从8.03亿吨增长到2020年的10.64亿吨。钢铁产量不断增长的背后，是中国房地产、汽车市场的持续繁荣，充分体现出需求对增长的拉动作用；反之，虽然不再通过行政手段去产能，但2020年以后钢铁产量开始下降，主要原因是中国房地产市场逐渐降温，需求侧的拉动力量减少了。因此，与其静态地盯着有限的数字去产能，不如让市场机制来淘汰真正的过剩产能，创造新需求。

2024年，美国政府和一些机构指责中国产能过剩，认为中国向全球出口工业品扭曲了市场。且不管这些发言的数据是否可信，单纯从市场竞争的角度来看，这些指责就是错误的。首先，如果真有所谓过剩产能，那么这种阶段性的供给过剩相对于全球80多亿人口的潜在需求而言肯定是相对的，即阶段性的。其次，即使这些阶段性的相对过剩的产能和供给，指的也不应当是中国生产的物美价廉的产品，根据市场竞争的规则，那些价格更高、功能更差、质量更低的产品才是过剩产能、落后产能，应当最早退出市场。

第二节
总需求不足的必然困扰

总需求不足,并不是人们真正已经满足到没有消费的需求和欲望,而是居民有支付能力的消费意愿下降。这种现象在市场经济的不同阶段以不同的形式出现,造成了多方面的后果。

大萧条:自由市场经济遭遇总需求不足

在缺乏成熟的宏观经济政策和完善的社会保障体系的条件下,总需求不足往往表现为激烈的经济危机,其中最具代表性的就是1929年爆发于美国的大萧条。通过研究如何应对大萧条带来的总需求不足问题,现代宏观经济学的理论体系才逐步建立起来。

说到大萧条，我们都会想到农场主将卖不出去的牛奶倒入密西西比河，火车司机将玉米和小麦当作燃料填进锅炉，但普通人却买不起食物的悲惨场面，这也成为很多人头脑中固定的经济危机的标准场景。在宏观经济政策、央行和社会保险体系都不完善的自由竞争市场经济时代，总需求不足的确会造成这样的严重后果。

在大萧条之前，美国的生产能力高速发展，因此也逐渐形成阶段性的供给过剩，当这种供给过剩积累到一定严重程度时，就爆发了经济危机。1929—1933年，在供给过剩和总需求不足造成的经济危机期间，美国经济总量减少30%，企业收入下降45%，工资下降40%，失业率飙升至25%。由于没有完善的社会保障体系，大萧条造成了极其严重的社会后果，美国有超过1 200万人失业，出现了全国性的饥荒和营养不良，自杀率大幅上升。

日本"失去的二十年"：现代市场经济遇到总需求不足

1990年，由于总需求不足和供给过剩，日本经济陷入了长期的停滞和衰退中，被称为"失去的二十年"。

与大萧条期间的美国不同的是，陷入"失去的二十年"的日本有比较完整的宏观经济政策机构、央行和完善的社会保险体制，因此日本的衰退没有表现为大萧条那样的场景，没有出现大规模的饥饿和社会问题，主要表现为产出减少和价格下行，即GDP增速降至低位甚至负数区间，CPI等价格指数长期为负。

1992—2012年，日本实际GDP增速有5年处于负增长，最高仅为4.1%，还是在前一年负增长5.7%的基础上实现的；CPI有12年为负，制造业PPI有14年为负，失业率有5年超过5%，14年超过4%，收入法衡量的工资和薪金收入，1992年为222.3万亿日元，2012年为215.0万亿日元，下降了3%。

日本政府和央行为了提振经济也采取了很多措施，如降息、扩大财政投资等，但由于"流动性陷阱""过度投资陷阱"，以及政府执行政策不够果断、缺乏耐心，在2012年之前这些政策没有见到实质性效果。

长期的衰退给日本国民和社会带来了不可忽视的损失，过劳死、中年自杀、隐蔽青年、宅文化等社会问题开始加重，但整体而言由于社会保障体系的运作和宏观政策在一定程度上缓解了总需求不足，日本居民的生活水平没有出现明显下降，社会运行也保持了稳定。

当前总需求不足的冲击：企业利润下滑和亏损面扩大

改革开放以来，中国也出现了几次明显的总需求不足导致的经济增速放缓，如1997—2000年的增长放缓，以及2008—2009年的经济增长压力，由于外部冲击造成总需求不足的特征都比较明显。但由于当时工业化、城镇化还在进行当中，投资的边际效益仍然较高，因此通过扩大投资，辅之以宽松的货币政策，这些阶段性的总需求不足得以平稳度过。近年来，尤其是新冠疫情发生后，总需求不足的程度逐渐加重，传统的扩大投资稳增长政策效果不彰，出现了一系列"症状"。

总需求不足首先表现为企业利润下滑。在工业化和城镇化的高峰阶段，中国大多数年份工业企业利润实现了两位数以上的增速，高峰阶段过后，规模以上工业企业利润增速明显下滑，这与总需求不足有密切的关系。

商贸业的销售额利润率（全行业平均值）呈现阶梯式下行，从2011年之前的10%以上，最低曾下滑至2018年1.8%的低点。餐饮业销售额利润率（全行业平均值）从2016年之前40%左右的平台快速下滑，2020—2022年受新冠疫情影响甚至落入负数区间。

当总需求不足的情况得不到改善时，企业亏损面就开始扩大。2011年，中国私营工业中亏损企业所占比例为6.05%，此后一路攀升，到2023年末已经达到19.92%（见图3-1）。

图3-1 2001—2023年中国私营工业中亏损企业所占比例

资料来源：同花顺iFind金融数据终端，万博新经济研究院。

传统制造业中，2024年上半年，服装行业规模以上企业亏损面达29%，机床工具全行业实现利润总额149亿元，同比下降78.2%。不仅制造业，农牧业也是如此。2023年，A股市场上市的21家生猪养殖企业中，主业全部亏损。服务业的情况也不乐观，2024年11月，北京、上海等一线城市社会消费品零售总额同比和累计增速均为负增长。

很多企业只有一点点"刀锋上的利润"，甚至已经在亏损经营，但企业老板为了等待形势好起来，或者只是为了让职工不丢掉饭碗，还是硬着头皮开工，导致库存仍然在不断增加。例如，家用空调的工业库存从2015年的580万台一路增加到2021年的2031万台，2023年仍然有1700万台。全国工业产成品库存在2012年初为2.7万亿元，到2023年底已经增加到6.1万亿元。全国商品房待售面积在2022年初有5.70亿平方米，到2023年底增加到6.73亿平方米。

总需求不足引发通缩和资产负债表衰退

由于总需求不足，生产者和消费者价格指数下行，开始有明显的通缩信号。2012年以后，PPI在负数区间运行就成为常见现象，2012—2016年曾经连续超过50个月处于零线以下，2019年7月以后，又有将近18个月（其中有一个月为0.1）处于负数区间，2022年10月—2024年7月，PPI连续22个月小于零。CPI到2024年6月已经连续17个月小于1，其中有5个月小于零。

辜朝明等人的研究认为，典型的资产负债表衰退发端于房地产、股票等资产价格暴跌，导致企业和居民的资产端剧烈缩水，企业和居民不得不缩减投资和消费，将收入主要用来偿还刚性负债，由此引发了需求不足的恶性循环，导致经济陷入衰退。而当前的总需求不足如果持续下去，将会引发"中国式资产负债表衰退"。

首先，购房居民和房地产企业出现典型的资产负债表衰退。房地产市场价格下跌造成居民资产负债表受损，在本轮房价下行开始之前，中国城镇房地产总价值约为400万亿元，如果以25%计算当前的跌幅，楼市调整造成的损失已经超过100万亿元，中国居民70%的财富以房产形式持有，由此给居民资产负债表造成的损失可想而知。

在房价下跌的过程中，房地产企业资产负债表受损更加严重，土地和房产存货价值大幅缩水，但贷款和债券等负债不能不偿还，导致房地产企业成为信贷收缩的主要来源，2021—2023年，房地产开发贷款分别下降12.67%、25.69%、6.95%。

同时，股票市场的持续低迷也加重了家庭资产负债表衰退，2022年中国股票市场总市值减少12.8万亿元，2023年又减少1.4万亿元，负财富效应明显。

其次，通缩还会导致债务负担加重，企业借款意愿下降，还款意愿上升。截至2024年10月，中国工业企业资产负债率为57.7%，私营工业企业资产负债率为59.2%，均接近正常负债率的上限，债务负担较为沉重。在价格持续下降的环境中，货币的实际价值上升，一般企业的债务负担也在膨胀，负债较高的企业倾向于提前偿还负债以减少损失。2023年6月—2024年6月，工业企业本外币中长期贷款余额增速下降了14.97个百分点，服务业企业本外币中长期贷款余额增速下降了4.47个百分点，已经出现了这种迹象。

最后，总需求不足造成部分企业陆续退出市场，加重失业。2021—2023年，中国制造业规模以上企业数量的增速分别为10.55%、6.90%、2.12%，结合草根调研结果，近年来制造业关厂、退出的情况越来越多。另据天眼查数据，2023年，吊销、注销的餐饮企业数量为135.9万家。而仅2024年上半年，吊销、注销的餐饮企业数量就达到105.6万家，接近2023年全年数量，[1] 可见餐饮业市场主体退出的速度也在加快。

总之，如果总需求不足的情况不能及时扭转，"中国式资产负债表衰退"的风险已经逼近，日本"失去的二十年"的殷鉴不远，值得警惕。

总需求不足的延伸：从"内卷"到补贴全球

总需求不足带来的盈利下滑将导致行业生态恶化，竞争力下降。总需求不足导致很多行业市场规模狭窄甚至萎缩，大量企业在存量市场中激烈竞争，只能拼价格、拼成本，"内卷"程度越来越高，最终导致行业生态恶化，企业没有利润，员工收入下降，消费者也只能

---

[1] 王盼，《最惨上半年！105万餐厅倒闭，数量接近去年总和》，"餐企老板内参"公众号，2024年7月3日。

得到"低价低质"的产品和服务，长期来看行业整体的竞争力都会下降。

例如，通过低价来吸引消费者原本无可厚非，但在供给过剩、总需求不足的情况下，部分头部企业或平台要求供应商"无限制"地压低价格，或者接受一些不平等、不合理的条件，由此导致供应商之间的竞争更加"白热化"。这种向低价冲刺、挤压供货商的合理利润的竞争方式，尽管可能在一段时间内能让消费者买到低价商品，但长期来看，是以供应商的发展和生存为代价的，必然恶化经济生态。

"内卷"式竞争只是总需求不足导致的行业生态恶化的一个缩影。在中国的制造业和服务业，只要不是垄断行业，没有获得头部地位，每个领域的大量中小企业都面临着突破利润底线，甚至突破成本底线的竞争压力。为了生存，企业不得不尽量压缩成本，压无可压时就会出现掺杂使假、以次充好等违规违法现象，同时为了压缩人工成本，企业不得不让一个人干两个人甚至三个人的活，"996"等超长加班现象已经不足为奇，不少个体经营者将休息时间压缩到极限，这样的行业生态已经非常不正常了。

国内需求不足，导致中国长期通过低价方式获取外部需求，实质上是牺牲国内的资源、居民的福利和宝贵的财政资金补贴国外消费者。在传统外贸时代，中国企业就为了有限的利润在国际市场上互相压价，不仅纺织服装、玩具箱包这样的轻工业品在国外打"价格内战"，就连新兴产业的光伏、锂电池行业，属于稀缺性资源的稀土行业，中国企业低价恶性竞争的现象都广泛存在。进入新全球化时代，中国制造借助Shein（希音）、Temu（拼多多旗下跨境电商平台）等电商平台出海，但很多出海企业仍然未能摆脱低价恶性竞争的老路。

由于国内需求不足，即使外部市场的利润微薄、条件苛刻，中国出口企业也是拼命在争取。从出口退税的数据可以看出，2001年中国刚加入世贸组织时出口退税为830亿元，到2023年已经增长到1.71万亿元，增长了近20倍。这种发展模式的本质是用中国的财政支出补贴全球，用中国资源和劳动补贴国外消费者，是国内总需求不足的矛盾在海外市场的延伸。

第三节
战胜总需求不足的历史探索

二战以后,凯恩斯经济学之所以在各国大行其道,就是因为抓住了总需求不足这个关键问题,并提出了有效的解决办法。今天,传统的凯恩斯主义正在成为历史,各国政府结合不同时期的需要,对扩大总需求不断有新的演绎和发展。

二战前后的凯恩斯主义政策

1929年大萧条爆发之前,欧美国家普遍奉行的是自由竞争的古典经济学理论,认为市场自发调节就可以实现总供给和总需求的均衡,政府不应当干预经济。尽管工业革命以后,英国等国家不断出现经济危机，但在全球范围内不断推进的工业化和城镇化进程创造出了更多的需求，使这些经济危机在较短时间内就结束了。

1929年爆发的大萧条是工业化社会最为严重的总需求不足危机，给经济、社会和人们的生活造成了严重的破坏，动摇了学术界和政府对市场自发调节能力的信心。富兰克林·罗斯福就任美国总统以后推出了"新政"，更加主动和大胆地采取积极的财政政策，实施大规模的公共工程项目，同时为失业者提供大量的就业机会，有效扩大了总需求，逐渐将美国从严重衰退的泥淖中拉了出来。

1936年，凯恩斯的《就业、利息和货币通论》出版，成为欧美经济学界的大事，很多经济学家都主动参与对凯恩斯学术思想的解读和推广。凯恩斯在《就业、利息和货币通论》中提出，"只要执行正确的宏观经济政策，使投资等于充分就业下的储蓄，萨伊定律是可以成立的"。虽然《就业、利息和货币通论》出版于"新政"之后，但它的确成为"新政"的理论基础，凯恩斯的学术成果和罗斯福的政策成就互相证明，不仅流行于学术界，也被各国政府所广泛接受。

二战以后，美国战争期间的产能全面转向民用市场，加剧了总需求不足的挑战，同时还面临着上百万军人复员带来的就业问题，凯恩斯经济学再度发挥作用，为保持美国战后繁荣做出了贡献。经过战后恢复阶段的西欧国家和日本等，也逐渐遇到了总需求不足的问题，凯恩斯主义的宏观经济政策成为各国的普遍选择，如通过积极的财政政策扩大政府投资、完善社会保障制度、提升居民收入等，总体来看取得了很好的效果，美国和西欧国家在20世纪50—70年代早期，普遍没有出现大的经济波动，有一些轻微的衰退也被凯恩斯主义逆周期政策"熨平"了。

20世纪70—80年代凯恩斯主义受到挑战，供给学派崛起

1973年的石油危机本质上是一个外生变量的供给冲击，但由于石油作为工业社会"血液"的基础性作用，短时间内的供给冲击大幅提升了制造业、服务业和居民生活的成本，造成了非常广泛的影响。与此同时，经过战后数十年的发展，美国和西欧国家已经将第二次工业革命的成果完全消化普及，供给结构开始老化，成本冲击带来的通胀压力与供给结构老化带来的停滞倾向相叠加，美国和西欧国家出现了普遍的滞胀现象。

在很长时间里，滞胀被认为是长期执行凯恩斯主义经济政策的结果。无论这个说法是否准确，在投资的微观效益和宏观乘数都已经明显下降的背景下，传统凯恩斯主义扩张投资的政策，的确难以解决成本输入型通胀和供给老化叠加带来的滞胀现象，因此受到了挑战。

1981年，罗纳德·里根总统采纳了供给学派的主张，采取减税、放松管制等供给侧的改革措施，唤醒了美国经济内在的巨大增长潜力，促进了就业和增长，同时美联储主席保罗·沃尔克以严厉的货币政策治理了通胀，这一政策组合成功引领美国经济走出了滞胀。英国撒切尔政府也实施了包括放松管制、私有化、减税和紧缩货币在内的政策组合，在刺激生产方面几乎完全采纳了供给学派的政策主张，使

英国经济恢复了活力。在中国，邓小平社会主义市场经济理论坚持经济体制改革和对外开放，其采取的市场化改革措施，渐进式地激发了市场活力，与供给学派有异曲同工之处。

货币政策担纲，凯恩斯主义以新的形态回归

供给侧的改革措施极大地促进了新技术、新产品等新供给的发展，比尔·盖茨、乔布斯等企业家推动的计算机产业发展起来，20世纪90年代美国经济实现了高增长、低通胀、低失业，也催生了科技股泡沫。2000年3月，纳斯达克指数见顶暴跌，如果不采取有力措施，资产价值崩溃带来的金融波动向物质生产和居民生活领域传播，大萧条就可能重演。时任美联储主席格林斯潘连续11次降息，并通过公开市场操作为金融体系注入流动性，很快稳住了市场信心。事后来看，尽管美国股市在这次股灾中蒙受了较大损失，但对美国经济并未产生实质性影响，格林斯潘的应对措施也为日后处理资本市场下跌造成的总需求收缩积累了经验。

2008年，美国次贷危机爆发并逐渐演变为全球金融危机，美联储再度实施超常规货币政策，在1年4个月的时间内降息10次，将基准利率从5.25%降到0，同时实施了量化宽松计划，通过购买长期国债和抵押支持证券（MBS）来增加银行系统的流动性，并借此压低长期利率，而且通过多个紧急贷款计划为银行、投资银行、货币市场基金和其他金融机构提供流动性支持。在果断且强有力的政策支持下，

不仅资本市场很快走出了低谷，美国经济也在2009年触底反弹，恢复了常态。

2020年面对新冠疫情的冲击，美联储再次将救助的重点放在保护资产负债表和总需求不受破坏上，通过大规模的补助计划为居民和中小企业提供收入支持，同时以无限量化宽松为资本市场提供救助，目前来看也取得了良好的效果。美国的消费增长很快从疫情初期的负增长中恢复过来，资本市场不仅很快摆脱低迷，而且不断创出新高，GDP增长率除了2020年负增长，2021—2023年分别增长5.8%、1.9%、2.5%，已经恢复了正常状态且表现出较好的成长性。

在经历了建设财政刺激总需求、民生财政激发总需求等阶段之后，凯恩斯主义以"量化宽松＋降息＋发钱救助"的新形式又一次成功地引领全球经济走出衰退风险。

解决总需求不足问题的中国探索

20世纪90年代中期之前，中国是短缺经济，在供给不足的背景下，经济容易发生通胀，政府更多的宏观经济管理措施是为经济降温。1992年以后，随着社会主义市场经济体制的确立，"市场经济＋宏观调控"的经济模式逐渐形成：经济偏冷，就通过降息、降低准备金率、加大财政投资、增加土地供给等方式"加油门"；经济偏热，就通过加息、提高准备金率、收紧土地供给等方式"踩刹车"。1997—1998年，亚洲金融危机爆发，与国内的房地产泡沫破灭以及国企改革脱困相叠加，需求不足的问题开始凸显，当时的主要办法就是通过增发国债，扩大基础设施投资规模，同时加快推动教育、医疗和住房的全面市场化改革，推出"黄金周"等措施，扩大居民消费。这些政策很快取得了成效，经济增速（不变价）从1998年第二季度的6.9%逐渐回升，到2000年第二季度重回9.0%以上。

2000年以后，随着中国加入世贸组织，接入全球市场为中国总需求扩张提供了新的机遇，全球化与工业化、城镇化相互促进，中国经济进入了快速增长的阶段。2008年全球金融危机爆发，面对外部冲击造成的总需求不足，中国紧急出台4万亿元投资计划，同时大幅降息，一年期存款基准利率从4.14%降至1.98%，对冲外部需求的断崖式下跌。尽管这一政策后来受到各种批评，但目前来看是及时的、有力的、正确的，抓住了总需求猛烈收缩这一核心矛盾，主要运用当时边际效益较好的投资扩张政策，有效扩张了总需求，使GDP增速从2009年第一季度6.4%的低点回升，第三季度就重回10%以上，保障了中国工业化、城镇化取得的成果和持续性。

2012年以后，中国的工业化、城镇化高峰阶段逐渐过去，基础设施、居民住房和工业产能的投资需求已经逐渐饱和，过度将宏观政策的重点聚焦在总需求管理上，就可能会忽视劳动、土地、资本、技术、管理等深层次的财富源泉和增长潜力问题。2012年底，笔者发表《新供给主义宣言》，提出"放松管制，减税，激发新供给、创造新需求"这三大供给侧改革的主张。后来出台的一系列改革政策，如"放管服"改革，减税降费，大众创业、万众创新，营商环境改革，发展新质生产力，等等，都与《新供给主义宣言》所提出的主张不谋而合。

2012年以后的改革政策中，除了市场化的供给侧改革政策，还有一些供给侧管理的措施，如去产能、去库存等，运用了不少行政和计划的手段。同时，需求侧管理的政策并未退出，而且是财政主导的投资唱主角，逐渐出现了"过度投资"的迹象，需求结构不断被扭曲。到2020年，为了对抗疫情冲击，过度投资的情况发展到极端，当年消费对经济增长的贡献率为−6.8%，而投资贡献率高达81.5%。

从投资驱动向扩大消费转型

在工业化和城镇化的高峰阶段，扩大投资的确是拉动经济增长的有效途径，但上一个阶段的成功经验，往往就是下一个阶段的转型障碍。"高积累、高投资"模式在上一个阶段有多成功，在新阶段转变就有多难——从体制机制到观念认知，高投资模式很难扭转，支出结构向消费主导的模式转型任重道远。

长期以来，中国经济增长依靠投资拉动，形成了与之高度适配的决策观念、决策机制和机构设置。

从决策观念来看，"投资抓手论"已经约定俗成、根深蒂固——只有形成投资项目才看得见、摸得着。稳投资，既方便考核，又体现政绩；既形成短期需求，又形成长期供给。

从决策机制和机构设置来看，已经形成从上到下一整套决策和执行机制，从中央决策部门到国家发展改革委的发展战略和规划司、固定资产投资司、基础设施发展司，以及财政部的预算司、经济建设司，再到地方政府也有一套围绕选项目、报项目、批项目和投项目的决策机制与执行团队。

在这样的决策观念和决策体制下，以投资项目为核心的稳增长计划，不仅在中央层面决策毫无障碍、容易通过，而且能够获得实施的机制和财力保证。

在工业化、城镇化的高峰期获得快速发展的地方融资平台、城投城建公司、建筑施工企业等，都希望继续扩大投资规模，维持投资增长，客观上形成了一整套利益驱动机制。因此，中国20多年以来"稳增长就等于搞基建投资"的决策惯性，背后既有认知原因，也有利益机制驱动因素，过度投资已经成为中国的体制性顽疾。在这样的前提下，要彻底、深刻地转变决策观念，让学术界、决策部门和全社会都认识扩大消费的重大意义，还有非常多的工作要做。

除了政府体制层面和经济利益层面的惯性，在学术界、理论界甚至社会公众层面，"投资驱动"的观念也有着根深蒂固的影响力。

中国作为历史悠久的农业国，重生产、轻消费的观念浸透了传统文化和大众观念。新中国成立以后，中国的工业化所需要的资本积累在很大程度上也是靠全国人民省吃俭用积攒起来的，"压缩消费，支援国家建设"是很长时间内全国老百姓的基本社会共识。从农业社会到工业化进程，这些历史的原因形成了牢固的"重生产、重投资、轻消费"的理论认知和公众氛围。

1958年，正当美国开始进入工业化社会后期时，著名经济学家约翰·加尔布雷思提出，美国已经开始进入"丰裕社会"，投资应当更多地用于"人"的发展，而不是物质财富的生产，但当时美国的经济学界还坚持以"贫困社会"为研究对象，充满了悲观沮丧的情绪，主要关心的问题仍然是生产力、不均和不安全。[1] 加尔布雷思所说的这种观念与时代的错位，以及当前中国过度投资现象的背后，都是观念转变落后于时代转变，是中外都会遇到的难题。

　　中国经济已经进入消费对经济发展发挥基础作用的新时期，而中国除了工业化国家普遍面临的总需求不足之外，还面临着我们所独有的消费抑制和"过度投资陷阱"问题。因此，突破各种不利于转型的体制、机制羁绊，更新决策观念和社会公众认知，尽快实现中国总需求结构从投资需求为主向消费需求为主的转型，尽快从生产型社会向消费型社会转型，是当前中国宏观决策和经济体制改革面临的既紧迫又艰巨的时代重任。

---

[1] 加尔布雷思. 丰裕社会 [M]. 上海：上海人民出版社，1965.

第四章
从建设到民生：财政政策转型促消费

当前，中国经济面临着越来越严重的总需求不足，但是每年仍有十万亿元级别的财政资金用于扩大投资，数万亿元资金用于补贴生产，万亿元级别的资金用于补贴出口。只有将财政支出结构从扩大投资转向惠民生，从补贴生产转向补贴消费，从补贴国外消费者转向补贴国内消费者，尽快实现财政政策与时俱进的深度转型，才能真正发挥财政政策的逆周期作用，提高财政资金的社会效益、经济效益与宏观乘数，有助于化解中国经济的总需求不足问题。

第一节
建设财政：适时而起，亦当适时而退

建设财政，是指在政府财政开支中，用于基础设施建设的资金占据较大比重的财政模式，在中国的环境下，建设财政还包括财政资金用于工业产能的投资建设。建设财政不仅提供了基础设施和工业产能，还成为政府扩大总需求、实施宏观调控的重要工具。长期以来，我们都将建设财政与"吃饭财政"相区别，但在快速工业化和城镇化阶段结束以后，完善的基础设施和充足的工业产能都已经建立起来，这时民生财政的内涵和作用就越来越重要，建设财政也应当逐步减少、退出，逐步转向民生财政。

建设财政功不可没

在世界主要工业化国家的发展历程中，大规模的基础设施、工业产能和城市住宅建设，都是经济起飞的必要条件，对于国土面积辽阔的大陆国家来说，基础设施建设就更加重要。

以美国为例，"马车时代"的运输效率和运输规模，如同欧亚大陆传统的"丝绸之路"上的驼队一样，甚至连运河的运输效率都比不上，更无法同海运的效率和规模相匹敌。据说1806年，时任美国总统托马斯·杰弗逊所派遣的梅里韦瑟·刘易斯和威廉·克拉克从圣路易斯沿密西西比河和密苏里河到达太平洋沿岸，花了两年多的时间。

1850—1870年是美国铁路工业第一次高速发展的时期，1850年美国铁路总长度为1.4万千米，1870年为8.6万千米，1900年为31万千米，占当时全球铁路总长度的一半。第一次世界大战以前，美国投入铁路建设的资金大约占全国财富的1/10，5条铁路横贯大陆东西，到1913年，美国铁路总长度已达37.9万千米，比全欧洲铁路长度总和还多。[1]一旦解决了基础设施建设的问题，相对比较优势得以发挥，美国的经济发展就迅速超越了英国、西班牙等海洋国家，可见基础设施投资对经济发展的巨大作用。

德国经济的崛起也离不开铁路等基础设施建设，1850—1870年，普鲁士投资的70%集中于铁路，1855—1909年，德国铁路长度每年

---

[1] 滕泰.新财富论[M].上海：上海财经大学出版社，2016.

递增3.6%。在普鲁士铁路建设的早期阶段，政府一方面鼓励私人建设铁路，同时也通过贷款以及直接投资等形式来支持铁路建设。1870年以后，在德国铁路建设的高潮阶段，德国政府直接投资铁路建设达155百万塔勒，并向银行借款2 000多万塔勒用于铁路建设；此外，德国政府为铁路建设筹集资金，将普鲁士银行改为帝国银行，并开设一些新的银行专门为铁路建设服务。到了20世纪初，德国的铁路建设稳定下来并达到了一定的规模，修建的铁路线长度以及增幅都相对减少，但以国家为主导的铁路建设的纯投资额，增幅仍然保持在每10年一倍以上。[1]

得益于交通运输技术革命和贸易地位的改变，德国的工业和外贸也迅速发展，一战前德国的钢铁产量达到1 760万吨，高于英、法、俄三国产量的总和，德国在世界制造业中的份额达到14.8%，高于英国（13.6%），是法国的2.4倍（6.1%）。

就连俄国这样幅员辽阔、人口众多、工业化水平较低的国家，在铁路等基础设施建设方面也有惊人的表现。俄国的铁路长度在1900年达到3.1万英里，到1914年达到4.6万英里，并且延伸的面积是美国的2.5倍（密度远远小于美国）。当然，俄国也是铁路建设的受益者，因此，其对外贸易在1890—1914年增长了2倍。1860—1913年，俄国工业产量以年均5%的速度增长。到1914年，俄国已经是当时世界第四大工业国。

---

[1] 刘娜.工业革命时期德国政府在铁路建设中的作用[J].新西部，2018，(24)：125–126+144.

在第二次技术革命和大规模基础设施建设的推动下，美国、德国和俄国这样的大陆国家改变了运输方面的困境，铁路和公路不仅使客运速度大大加快，而且把原来分散和孤立的地方市场连成一片，与海洋运输合二为一，连接了海外的市场和原料产地，市场的扩大可以容纳更多的分工和交换，大大加快了这些国家的工业化和城镇化进程。

新中国成立初期是一穷二白的农业国，特定阶段压缩消费、增加储蓄用于基础设施、工业产能和居民住宅的建设，是工业化和城镇化的主要阶段能够在数十年的时间里完成的重要原因。中国的积累率（经济剩余用于积累的比例）在新中国成立之初处于20%左右，到改革开放初期达到50%左右，目前已经达到75%左右；在20世纪50年代、90年代初和2008年之后的几年，积累率均出现了显著的跃升。[①]从铁路建设来看，至1949年新中国成立前，全国铁路共有2.18万千米；到1978年，全国铁路营业里程达到5.17万千米，并建有大量复线，路网质量有很大提高；到2023年，中国铁路营业总里程达到15.9万千米，位居世界第二，其中高速铁路营业里程为4.5万千米，稳居世界第一，复线率达到60.3%，电气化率达到75.2%。

1978—2023年，中国公路货运量增长了46倍，航空货运量增长了113倍，铁路货运量增长了3.6倍，水运货运量增长了17倍。进出口总额增长了566倍，城镇化率从17.9%提升到66.0%，GDP增长了

---

① 齐昊.长期视角下中国经济剩余利用的政治经济学分析[J].当代经济研究，2021，（10）：91-101.

339倍，全球排名从第九跃升至第二，中国的工业化、城镇化和全球化所取得的成就，与基础设施、工业产能和居民住宅的大规模投资建设密不可分。

在工业化阶段，建设财政不仅起到了提供基础设施的作用，还挑起了弥补总需求不足的重担，对经济的平稳增长发挥着重要作用。例如，在1929年大萧条期间，罗斯福新政中就包含着相当比例的基础设施建设政策，1992—2008年，在中国特色社会主义市场经济加宏观调控的政策组合下，在经济偏冷时扩大投资规模也是非常重要的政策工具。

建设财政的淡出

建设财政曾经是工业化和城镇化快速推进阶段各国的普遍选择，而随着工业化、城镇化逐渐完成，通过财政投资建设基础设施、推动工业产能和促进居民住宅建设的需求逐渐下降，建设财政必然开始逐渐退出。适时完成建设财政的退出和向民生财政的转型，实际上也是对经济增长动力结构的升级。如果建设财政转型迟滞，就可能导致财政投资过度，甚至出现"过度投资陷阱"。

以美国为例，在罗斯福新政和艾森豪威尔时期建设财政达到高峰，从肯尼迪政府时期逐渐开始转向民生财政。1956年，时任美国总统艾森豪威尔签署《国家州际与国防高速公路法案》，计划到1969年建设41 000英里（约66 000千米）州际公路，而实际修建了46 876

英里（约 75 000 千米），直到 1993 年才完工。这个计划是美国最后一个实际完成的大规模财政投资基础设施建设项目，自此以后美国的建设财政开始退出。从财政支出数据看，罗斯福、艾森豪威尔、克林顿、奥巴马执政期间的基建投资，每年平均投资占首年 GDP 的比重分别为 4%、0.56%、0.29%、0.08%，[①] 美国建设财政退出的步伐十分明显。

20 世纪 60 年代，肯尼迪政府主要通过减税政策来扩大消费和投资需求，肯尼迪遇刺后，约翰逊执政时期推出了"伟大社会"计划，将扩张性财政政策的开支方向大规模转向民生领域，推动国会在教育、医疗、住房、反贫困、民权和环境保护等诸多领域通过相关法案。1965—1969 年，美国联邦政府用于社会保险、福利补助等计划的费用增加了 65%，从 535 亿美元增加到 866 亿美元，其中援助穷人的各项社会福利开支增加了 3/4 左右，[②] 从此美国的财政政策逐步完成了向民生财政的转型。

2000 年前后，克林顿政府通过了"信息高速公路计划"这样的新基建项目，但财政资金更多还是投向人力资源等民生领域。美国财政向民生转型的过程较为主动和顺畅，引领美国的总需求也向消费为主的结构转变，保证了美国经济增长的需求侧动力结构的顺利转型。

从经济起飞到高速增长阶段，日本也实施了大规模的建设财政，1956—1970 年，日本政府投资占国民总支出的比重从 7.3% 上升至

---

① 宋雪涛等，《美国基建启示录》，天风证券研究报告，2021 年 4 月 29 日。
② 徐以骅. 林登·约翰逊"伟大社会"述评[J]. 世界历史，1986（03）：23-32.

8%，用于道路、交通、港口等社会资本投资的"公共事业费"开支占一般会计支出的比重由1955年的14%上升至1970年的18%，同样侧重于道路、通信运输等基建领域的财政投融资与一般会计支出的比值从31%扩大到46%，表现出明显的建设财政特征。

从20世纪60年代开始，日本创设了国民养老金和国民健康保险制度，从财政支出结构来看，社会保障占比也从1955年的10%提升至1970年的14%，1973年日本又推出社会福利建设的诸多政策，那一年被称为"福利元年"，财政开支中用于基建产业的支出占比明显下滑，而用于社会福利、生活改善的支出明显增加。[①]

但是在20世纪90年代泡沫经济破灭后，为了提振经济，日本政府在1991年以后扩大了基础设施、房地产等领域的投资规模，公共投资占总投资的比重从20世纪90年代初的21%快速增长到20世纪90年代中后期的30%，大量投资被用于既没有经济效益，也没有社会效益，更没有投资乘数效应的项目上，挤占了居民消费，造成日本经济一度长期低迷。在工业化、城镇化已经完成，总需求不足日益严重的情况下，日本政府没有认识到总需求结构的历史性变化，再次乞灵于建设财政，大量无效和低效投资浪费了巨大的财政资源，延缓了日本需求结构的升级和经济的复苏。

---

① 于博等，《化债与繁荣——日本150年财政四部曲之二》，长江证券研究报告，2024年8月2日。

后工业化阶段建设财政的合理规模

根据世界银行的数据，2022年中国固定资本形成总额占GDP的比重（投资率）为42%，美国为21%，日本为26%，印度为31%，欧盟为22%，由此可见，中国的投资率仍然是全球最高的，其中固然有制造业、房地产、民营企业等行业和领域投资率偏高的原因，但是这些投资都会随着经济效益的下降而适时调整，而国有企业和建设财政的投资却常常因为决策观念的转变滞后，或相关利益机制的推动，无视经济效益和社会效益的下降继续扩张。

当然，在工业化社会后期，基础设施的维护、新产业所需要的新型基础设施，以及提升民生福利所需要的相关建设项目，都需要一定规模的财政投资，但大量普遍存在的低效和无效投资如果持续下去，不仅会造成巨大的社会资源浪费，还会挤占消费，影响民生事业。

根据其他工业化和后工业化国家的普遍情况，如果在10年内将20个百分点的财政资金和国有企业投资占比降低10个百分点，那么中国的投资率就可以降到30%的水平，虽然仍高于美国、欧盟和日本的水平，但对于中国这样一个幅员辽阔、人口众多、发展不平衡的国家来说，已经是比较适宜的投资率了。

即使将投资率降低至20%~30%的水平，以中国126万亿元的GDP总量，每年的资本形成总额仍然能达到25万亿~38万亿元，其中约一半为民间投资，另一半为财政资金和国有企业投资。即使将来投资率下降了，每年的财政主导投资降到10万亿~20万亿元的规模，这些资金还能够建造1万~2万千米的地铁，或者6万~13万千米的高铁，或者20万~30万千米的公路隧道，或者25万~38万千米的高速公路，或者40万~60万千米的高架桥，或者1 000万~1 500万千米的高压输电线路，即使考虑到未来投资成本和造价的上涨，这样的投资规模也足够保持中国的基础设施水平不会下降，甚至会继续提升。因此，如果10年内将42%左右的投资率降低到20%~30%的水平，每年可以节省出几万亿元的资金用于扩大消费，对中国经济重回增长轨道、人民生活水平的提高，都是有长远好处的。

投资率降低以后，现有的交通、通信、能源、电力、市政等基础设施的维护保养投资是未来建设性财政支出的主要方向之一，例如每年各类公路的养护工程费用就超过1万亿元，未来随着各类基础设施的使用年限不断增加，养护费用上涨不可避免。除此之外，中国建设性质的财政投资还应当投向以下几个方面：补短板性质的民生领域投资，如医疗、养老、育幼、教育、文化等设施的建设投资，其中中国的教育支出占GDP的比重在2012年达到3.94%的峰值之后，一直呈现波动下降的趋势，未来增长的需求很大；新兴产业发展所需要的支持性基础设施建设，例如6G（第六代移动通信标准）的建设仍然需要以国有资本为主的运营商集团牵头；大型科学研究设施建设，现有的案例如贵州的大型射电天文望远镜、广州的散裂中子源、安徽的全超导托卡马克核聚变装置等；以及其他必须由政府支持的投资项目。

向民生财政转型

建设财政本身就是一个短期扩张需求、长期增加供给的行为，在快速工业化和城镇化阶段，存在大量的基础设施、工业产能和居民住宅建设需求，因此在这个阶段实施建设财政是必要的，尤其当出现阶段性需求不足时，通过扩大投资来扩张需求也是合理的，因为长期来看，建设财政所创造的供给也能够被工业化和城镇化进程消纳，不会加剧总需求不足。

但到了工业化和城镇化的中后期，建设财政的规模不可能永远维持下去，而应当渐进式退出，甚至坚决果断退出，加快向民生财政转型。如果政府投资不从经济效益、社会效益、投资乘数、财政预算等因素考虑，而是在传统理念束缚和决策惯性支配下持续扩大投资，就会延缓建设财政的退出步伐，推迟民生财政的转型进度。

从中国的情况来看，长期对地方政府以经济增速作为主要考核指标，推动了地方政府将主要的经济和财政资源向生产、建设领域倾斜，客观上减少了民生财政的支出。尤其是70%归地方政府的土地出让金收入、专项债以及地方政府平台公司的融资收入，是地方扩大投资的主要财政来源。而中央政府为了稳增长也通过国债等方式筹集资金，主要用于投资而非民生，进一步延缓了建设财政退出的步伐。

2012—2021年，中国民生财政支出的绝对额从4.56万亿元增长到9.75万亿元，总计增长了114%，与GDP增幅（114%）基本一致，但低于国家一般公共预算支出增幅（150%），民生财政支出占财政支出的比重从36.17%逐步提高到39.69%,[①]而美国、日本和欧盟国家一般都在70%以上，显示出中国财政已经开始向民生财政转型，但步伐较为缓慢。

如果从用于民生的财政支出年度增长率来看民生财政的转型步伐，2012年前后曾达到20.33%，但此后逐年下降，到2021年只有2.36%。民生财政占GDP的比重在这段时间基本没有增长，2012年为8.47%，2021年仅为8.52%。[②]

刘元春等人的研究显示，中国社会保障支出占GDP的比重2020年为3.21%，2021年下降到2.96%，这一比重在全世界范围内是非常低的。[③]美国的社会保障支出占GDP的比重也达到了7%~8%，英国约为15%，日本约为16%，德国约为19%，法国约为24%，丹麦约为22%，挪威约为19%。另有数据显示，从社会保障和健康开支占财政的比重来看，中国仅为30.9，既比不上实行福利政策的芬兰（57.6%）、丹麦（58.7%）和瑞典（55.1%），也比不上美国（超过45.1%）。[④]

社会福利投入不足的结果就是社会保障的程度较低，以养老金为例，一般认为养老金替代率超过70%，可以维持退休前的生活水平。美国的养老金替代率超过80%，澳大利亚和加拿大的养老金替代率超

[①] 胡绍雨、王童玉.加快改善民生的财政支出结构优化研究[J].财会研究，2024，(08)：3-13.
[②] 同上.
[③] 中国宏观经济论坛，《中国社会保障报告：现状评估与高质量发展》（第44期），2022年4月16日.
[④] 陈颂东.中国财政支出结构的国际比较及其优化[J].山西财政税务专科学校学报，2015，17（01）：3-5.

过 70%，中国的养老金替代率仅为 56%。①

考虑到每年 50 多万亿元的新增固定资产投资中有 25 万亿元左右是国有企业和政府投资，将更多的国有企业分红和财政资金用于民生支出，尤其是将那些用于低效、无效投资的财政资金节省下来，用于改善居民的养老保障、医疗保障、失业保障和教育住房等条件，加快中国从建设财政向民生财政转型的步伐，不仅是提升居民收入、实现消费繁荣的需要，更是满足人民对美好生活期待的需要。

---

① 王旭，《养老金融发展的系统考量》，"财经杂志"公众号，2024 年 9 月 14 日。

第二节
民生财政的合理规模与资金来源

将更多的财政资源用于民生,不仅要确定其合理的规模,还要找到可持续的资金来源。短期来看,应当压缩低效、无效投资,减少对生产和出口的过度补贴,将节省的财政资金加快转向补贴国内消费者。中长期来看,调高财政预算中民生开支的比重,调节垄断部门的过高收入来筹集资金,推动更多国有资本运营收益支持民生财政,以及在货币政策的配合下增加国债融资,都是拓宽民生财政资金来源的有效途径。

各国财政规模的增长

长期以来，人们一直为应该选择"大财政"还是"小财政"而争论。一般而言，各国的社会福利政策分为三种类型：第一种是以美国为代表的自由主义社会福利模式，政府只是作为市场经济的"守夜人"，实行低税收、低福利的政策，承担较少的社会福利义务，传统上是"小财政"的代表；第二种是以北欧国家作为社会市场经济的代表，政府作为社会的"保姆"，实行高税收、高福利的政策，承担了从摇篮到坟墓的众多社会福利义务，传统上是"大财政"的代表；第三种介于前两者之间，主要是以法国、德国等欧洲大陆国家为代表的合作主义社会福利模式，以基本保障体系和需要企业、个人缴纳社保金的福利体系（养老金、失业保险等）相辅相成。

在20世纪90年代之前，这种划分在很大程度上是符合实际的，但是从社会福利支出占比的角度来看，随着社会福利开支的刚性增长，这种划分的意义越来越模糊。例如，从经济合作与发展组织的数据来看，2018年，丹麦、挪威社会福利支出占一般政府支出的比重分别为34.0%、33.5%，德国为54.0%、法国为45.8%，英国为36.8%，美国为37.8%，而日本达到了55.1%。

从美国的经验来看，从建国后到大萧条之前，在将近140年的时间内，美国政府保持了较小的财政规模，从联邦债务与GDP的比重来看，只有爆发战争时，如南北战争、第一次世界大战期间，才会出现明显的上升。

而在大萧条之后，美国逐步进入工业化的后半程，财政支出逐渐扩大。尽管在政策取向上也有大财政与小财政的争论，但政府收入占GDP的比重明显高于大萧条之前。二战以后，欧洲、日本的财政开支实际上也都呈现刚性增加的特征。

1990年以后，成熟市场经济国家政府支出持续增长。欧盟国家财政支出占GDP的比重在1991年就超过50%，1995年达到53.2%，在欧盟正式成立后，这一比重一度下降至45.5%（2007年），但随后由于全球金融危机、欧债危机的影响，在2009年上升到50.6%，2020年为应对新冠疫情的冲击，再度上升到52.6%。

日本政府支出在20世纪90年代就开始快速增长，从1991年的29.3%增长到1998年的38.6%，2000年以后有所回落，2007年再度开始上升，到2013年增长到38.8%，2020年增长到44.5%。美国财政预算支出占GDP的比重从2000年的17.7%增长到2009年的24.4%，到2021年猛增到32.9%。

对于中国来说，在应对总需求不足、老龄化程度加深和调节收入分配等方面的推动下，政府财政开支出现刚性增长恐怕也是不可避免的，关键是要将有限的财政资金用在改善民生、促进消费、扩大内需的正确投向上。

民生财政的合理规模

从用途来分，财政支出可以分为政府运转支出、经济建设支出、社会发展支出、国防和公共安全支出、其他支出等类别。我国财政部将"与民生直接相关的支出"和"与民生间接相关的支出"两大类支出界定为民生支出，与民生直接相关的支出有教育支出、社会保障和就业支出、医疗卫生支出、住房保障支出等，与民生间接相关的支出有科技支出、交通运输支出等。[1] 国际上与民生支出类似的，有经合组织提出的"社会性支出"概念[2]（以下均使用"民生财政"或"民生支出"）。

民生财政的规模，可以从民生财政支出占总财政支出的比重和民生财政支出占GDP的比重两个指标来衡量。而究竟怎样才是民生财政的合理规模？有研究显示，2017年经合组织成员民生支出占广义政府支出的比重平均为57.0%，大多数国家都在50%以上；广义政府民生支出占GDP的比重平均为24.4%，大多数国家都在20%以上。2017年，我国民生支出占广义政府支出比重、占GDP比重分别为46.3%、13.9%，两个指标比经合组织成员平均水平都低10个百分点左右。按此口径计算的广义政府民生支出，2020年达到15.65万亿元，占广义政府支出的比重为45.0%，占GDP的比重为15.4%。

2010—2020年，社会保障和就业支出是广义政府民生支出的首位支出，占广义政府民生支出的比重为40%~46%，教育支出占广义政府民生支出的比重从33%下降至27%，卫生健康支出占广义政府民生支出的比重从19.5%上升到22.3%。2008—2020年，住房保障支出

---

[1] 胡绍雨，王童玉. 加快改善民生的财政支出结构优化研究[J]. 财会研究，2024,（08）：3-13.
[2] 冯俏彬，宋恒. 我国社会性支出与OECD国家的比较研究[J]. 社会治理，2023,（03）：90-101.

占广义政府民生支出的比重从 3.5% 上升到 7.5%。[①]

鉴于当前中国社会保障程度较低，既不利于消除居民对消费的后顾之忧、实现消费繁荣、建设消费型社会，也不利于满足人民群众对美好生活的需要，应尽快提升民生财政支出的规模和比重。

2010—2020 年，我国广义政府民生支出占 GDP 的比重从 10.6% 提升到 15.4%，累计提升了 4.8 个百分点。我们建议，2025—2035 年，广义政府民生支出占 GDP 的比重提升 10 个百分点，达到或接近经合组织成员 25% 左右的占比程度。

在民生财政的支出结构上，应当继续扩大对养老和医疗的保障程度，推进养老金待遇的均等化，逐渐消除养老金待遇的城乡差别和体制内外差别，继续推进医疗保险待遇的均等化，提升医疗保险的报销比例，减轻企业和居民的医疗保险负担。

2020 年，我国广义政府民生支出为 15.65 万亿元，占 GDP 的比重为 15.4%，每年提升 1 个百分点的 GDP 占比，相当于增加约 1 万亿元的财政支出。这笔钱从哪里来？可以通过减少低效和无效投资，减少对生产的过度补贴，减少对出口的过度补贴来筹集，也可以通过国有资产划转社保基金或通过增发国债来筹集。

[①] 王列军. 我国民生支出的规模、特征及变化趋势 [J]. 管理世界，2023，39（03）：62-69.

从扩大投资转向惠民生、促消费

经济学家加尔布雷思认为，美国在20世纪50年代就摆脱了贫困社会，进入丰裕社会，经济社会管理的政策理念都应当随之调整，政府要少强调生产，多注意公共事业；经济学的研究思路也应当从怎样生产更多的物品，转向在丰裕社会如何提升生活质量等新问题。

随着全面建成小康社会，中国也进入了社会经济发展的新阶段，我们的财政政策需要从提供更多的基础设施、创造更多的生产能力，向扩大消费需求，让更多的家庭敢于消费、愿意消费、乐于消费，使全体居民的满意度、获得感和幸福指数不断上升的方向发力。

近年来，决策部门进一步深化了对扩大内需的认识，对消费的重视程度不断上升。2022年出台的《扩大内需战略规划纲要（2022—2035年）》提出，要发挥"消费的基础性作用和投资的关键作用"，"最终消费是经济增长的持久动力"。2022年底召开的中央经济工作会议也提出，"着力扩大国内需求。要把恢复和扩大消费摆在优先位置"。2023年7月的中央政治局会议提出，要"发挥消费拉动经济增长的基础性作用"。2024年7月的中央政治局会议提出，"要以提振消费为重点扩大国内需求，经济政策的着力点要更多转向惠民生、促消费"。2024年12月的中央经济工作会议把提振消费放在九大重点任务之首。

由此可见，长久以来偏重投资的决策观念已经开始转变，但这些最新的决策观念转变还没有在实践中体现出来。从国债、专项债资金的投资方向来看，用于促消费的实际财政支出只有千亿元级别，而投资的支出则以万亿元计。因此，推动"扩大投资转向惠民生、促消费"，既迫在眉睫，又任重道远。

从补贴生产者转向补贴消费者

在工业化高峰阶段，为了扩大工业产能，出台了很多鼓励生产的政策，例如对工业用地收取更低的价格，更直接的是财政给企业提供补贴来鼓励生产。根据一些学者的研究，全国企业每年获得政府补贴的总额占当年全国GDP的比重（估算上限）从2003年的0.06%上升到2019年的1.15%，比重最高的年份出现在2008年，达到2.56%，2008年GDP约为32万亿元，给企业的补贴数额（估算上限）为8 200亿元，2019年GDP约为99万亿元，给企业的补贴数额（估算上限）为1.13万亿元。[1]

这些年来，光伏行业、风电行业、新能源汽车行业、芯片行业、高新技术企业、专精特新"小巨人"企业等都获得了不同力度的财政补贴。从效果来看，虽然有力地支持了光伏、新能源汽车等产业的发展，但也造成了不小的浪费，甚至出现了"骗补"等不良现象。

更加需要警惕的是，在政府补贴较多的光伏、锂电池等行业，已经出现严重的供给过剩，芯片行业2023年有上万家企业倒闭，电动汽车领域也出现数百家制造商激烈"内卷"的格局。长期来看，在供

---

[1] 聂辉华，李光武，李琛. 关于企业补贴的八个关键问题——兼评当下的产业政策研究[J]. 学术月刊，2022，54（06）：47-60.

给过剩的大背景下，继续投入数千亿元甚至上万亿元的财政资金用于鼓励生产，在宏观层面将会继续加重总需求不足，财政资金也难以支持。

同时，如此大规模补贴国内企业，可能加重国际贸易争端。长期以来，中国对相关产业的补贴政策就给美国、欧盟和日本指责中国"扭曲市场"、加剧"不公平竞争"、"扭曲了全球价格和生产模式"提供了口实。2024年10月，欧盟以中国电动汽车制造商依靠政府补贴在欧盟市场上低价竞争，威胁到欧洲本土的工作岗位为由，对中国电动汽车在10%关税的基础上，再加征7.8%~35.3%的关税，这一争端到本书截稿时尚未解决。

当前财政政策从鼓励生产转向补贴消费，可能效果更好。工业化的早期和中期阶段，中国为了解决传统制造业供给不足和新产业发展初期资源获得能力较差的问题，补贴生产者是有道理的。但是在工业化社会后期，情况已经发生了变化，生产过剩、消费不足成为主要矛盾。

是补贴供给者，还是补贴消费者？各国都曾面临这样的选择题。二战结束以后，美国出台了让退伍军人上大学的政策，面临着将教育补贴发给谁的问题：是将补贴发给大学来直接增加供给，还是发给受教育者让他们自主选择要上的学校和专业？最终美国选择把补贴和选择权交给退伍军人，实际上也取得了良好的效果。美国超过220万退伍军人能够进入大学等高等院校进修，另外还有560万人获得帮助修读各种培训课程，提升了他们的教育水平。

同样的道理，2020年新冠疫情发生后，欧洲、美国都选择了直接补贴消费者的财政政策，而我们则选择了补贴生产者。结果欧美出现了需求旺盛，甚至通胀，而我们则出现了供给过剩和需求不足。为了彻底化解供给过剩和需求不足问题，显然应当从补贴生产者转向补贴消费者，让消费者选择优质产品，让企业充分竞争，这对于加快形成"政府培育消费，消费激活市场，市场引领企业，企业扩大投资"[①]的良性经济循环有非常大的促进作用。

从补贴国外消费者转向补贴国内消费者

中国是全球出口金额最高的国家，中国制造为全世界提供了价廉物美的工业品，但长期以来为了扩大出口，中国工业品普遍存在定价过低的情况，一方面是牺牲国内的资源补贴国外消费者，甚至被加征高关税补贴国外政府，另一方面也容易引发国际贸易争端。其中较为典型的就是出口存在超额退税，导致宝贵的财政资金流失，应当及时纠正，转而用来补贴国内消费者，促进国内消费繁荣。

出口退税本是普遍的国际贸易规则所接受的征税原则，其本意是防止对出口商品重复征税，因此将全部的出口退税都当作对国外消费者的补贴是不正确的。但是在中国的出口商品中，的确存在超额退税的现象，实际上补贴了国外消费者，甚至成为国内税收向国外税收的

---

① 中国人民银行，《高质量发展与中国经济动态平衡——中国人民银行行长潘功胜在2024金融街论坛年会上的主题演讲》，2024年10月18日。

转移，这种现象应该尽快纠正。

超额退税现象产生的原因是，出口退税的目标是达成出口产品在国内零税负，计算退税时，往往依据增值税的名义税率计算企业的国内税负，但实际上企业承担的税负往往低于名义税率，如果按此退税，就会造成超额退税。超额退税现象比较突出的机电类产品、纺织品、车辆、精密仪器、食品、家具、玩具等正好是中国出口的主要品类，占中国全部货物出口额的比重接近80%，超额出口退税已十分普遍。[①] 2023年，中国办理出口退税约1.8万亿元，超额退税的规模也非常大。

如果进口国不存在关税壁垒，那么这种超额退税造成的商品价格缺口，实际上是用国内的财政资金补贴国外的消费者，如果进口国存在关税壁垒，实际上就是本应由中国税务部门征收的税款，转而成为进口国税务部门口袋里的税收，这对于原本就紧张的国内财政而言无疑是雪上加霜。因此，应当尽快调整相关财政政策，将这一部分资金节省下来转而用于补贴国内的消费者，扩大消费需求，促进国内消费繁荣。

国有资本运营收益支持民生财政

如前文所述，近20年的时间里，全国一般公共预算支出规模增速和全国全部政府支出规模增速都高于GDP增速，可见中国公共部

---

① 杜莉，陈凤梅.出口退税政策是否需要调整[J].中国改革，2022，(04)：33-36.

门的财政支配能力是强大的，如果能按照这样的速度增加民生开支，将构成民生财政的基础财力。

在当前 50 万亿元以上的固定资产投资规模中，约有一半是国有企业、地方融资平台和财政投资构成的，其中有不少低效和无效投资项目既没有微观经济效益，也没有社会效益，更谈不上宏观乘数效应，如果将这一部分低效、无效投资压减下来，可以为民生财政提供可观的增量资金。

提升国有企业收益纳入财政预算的比重，可以为民生财政提供又一部分增量收入。近年来，国有企业利润保持较快增长，但纳入国有企业资本经营预算的比重仍然较低，2023 年，中央国有资本经营预算收入只占到了中央企业实现利润总额的 1/10 略强。同时，由于整体去产能和行业整合，一些处于产业上游的行业已经实现了较高的行业集中度，在产业链价值分配中处于较为有利的地位，因此也能获取较高的利润。

另外，由于创造需求的能力更强，且占有数据、算法等方面的优势，一些数字经济的头部平台企业的利润也实现了快速增长，这些数字经济平台企业还作为国家重点软件企业、高新技术企业等享受着不同程度的税收优惠，远低于 25% 的正常企业税负水平。[1]

下一步应当考虑，进一步提升国有资本经营预算覆盖的比重，对于上游垄断行业征收资源特别收益金，对于具有垄断地位的头部企

---

[1] 《阿里、腾讯，告别税收优惠时代》，21 世纪商业评论，2021 年 8 月 20 日。

业，应当逐步取消其税收优惠，调节过高收入，用于改善民生和扩大消费。

最后，中国有372万亿元的国有企业资产总额，102万亿元的国有资本权益总额，平均资产负债率只有64.8%，还有445万亿元的金融企业资产总额和30.6万亿元的国有金融资本权益，以及51.4万亿元的国有行政事业性净资产和5.24亿公顷的国有土地，[①]有这样丰厚的家底，其运营收入应当更多地支持民生财政。

根据2017年《划转部分国有资本充实社保基金实施方案》，划转的93家中央企业和中央金融机构国有资本总额就达到1.68万亿元，还没有包括划转的地方国企资本。如果将国有资本划转比例提升至20%或30%，还可为社保基金增加1.7万亿或3.5万亿元的资产规模，粗略估计每年可为全国社保基金带来1 300亿元或2 600亿元的现金收入。同时，通过提升国有资本经营收入向财政的分红比例，或者作为债务融资的抵押，都可以增加财政融资空间，成为未来中国民生财政的重要资金来源。

打开财政支付能力的天花板

20世纪80年代开始，美国国债规模开始快速增长。从二战后的1945年到1980年，美国国债余额增长了250%。从1981年到2015年，

[①] 《国务院关于2023年度国有资产管理情况的综合报告》，中国人大网，2024年11月6日。

美国国债余额增长了1 721%。从2016年到2024年6月，美国国债余额又增长了80.3%。从美国联邦债务总额占GDP的比重来看，1945年为115%，1981年下降到31.8%，2015年再度上升到100%，2024年已经达到124%。

从里根政府执政时期开始，就有人预言美国经济的破产，主要论据之一就是美国债台高筑，不可持续，但直到今天，美国经济并没有崩溃，美国国债也没有违约，美国的消费需求一直保持扩张，涌现出了计算机、互联网、移动互联网、人工智能等多次重大的技术创新，推动纳斯达克指数从20世纪80年代的200点上升到2024年底接近20 000点，应对了科技股泡沫破灭、次贷危机、新冠疫情等多次重大宏观风险，美国GDP从1980年的2.86万亿美元增长到2023年的27.4万亿美元……我们是应该否认现实来迁就传统的理论，还是应该接受现实，回过头再来看看传统的财政理论是不是已经过时？

传统的财政理论有几个基础性论断，可以说是以往财政政策决策的出发点，例如，政府预算必须受到税收、国债和以往财政储备的约束，政府不能无限期地通过发行公债来融资其支出，政府通过征税或发行公债筹集资金对经济的影响是相同的（这一条也被称为"李嘉图等价定理"），财政赤字可能会导致货币供应量的增加，从而引发通胀，等等。

但美国的实践似乎已经证实，这些原本看起来不可打破的"铁律"，已经不再适用于后工业社会：通过国债为财政提供几乎"无限量"的支付能力是可以实现的，通过增发国债融资，并没有发生等同于加税的经济紧缩效果，国债规模和财政赤字的增长也没有引发不可控制的恶性通胀。

20世纪90年代以来的日本财政史，也成为这些结论的有力佐证。1992—2012年，日本国债占GDP的比重从36.9%一路增长到141.0%，但这段时间日本经济深陷通缩和衰退，被称为"失去的二十年"，2013—2023年，这一比重继续上升至186.7%，而日本也从通缩和衰退走向复苏和繁荣，与出现通胀还有一段很大的距离。

财政之所以能够依靠增发国债实现支付能力的"无限"扩张，关键在于后工业社会物质产品的生产能力严重"过剩"，制造业领域的涨价会被其他厂商的增产行为迅速淹灭；金融资产规模巨大，可以容纳更多的货币流动性，避免对大宗商品和工业品市场的直接冲击。

但正是因为生产能力"过剩"，工业化高峰阶段过后，总需求不足的风险长期存在，也正是因为金融资产规模巨大，总需求不足的风险如果得不到及时的扭转，整个经济出现"资产负债表衰退"的可能性就会很高，就可能陷入像日本1992—2012年那样的严重通缩，这是工业化高峰阶段过后宏观经济的主要风险。扩大总需求，使实际增速尽可能达到潜在增速，是宏观经济政策的主要目标。

在总需求不足的风险长期存在的情况下，财政政策一方面可以通过扩大赤字和国债扩张支付能力，又不会引发恶性通胀，另一方面面临着无法继续通过增加投资来扩张总需求，因此，大力度增加社会保障、改善民生来扩大消费需求，是工业化后期阶段财政政策的重要特征。

有学者指出,"以支定收是现代预算的基本思维和程序,先考虑支出,再考虑收入","之所以能够这么做,是因为国家信用衍生出了信用货币,并垄断了信用货币的发行权","央行代理国库,没有税收也可以花钱。从实际运行过程来看,并不等于要收到一笔税收后财政才可以花钱。尤其是在风险救援的紧急情况下,可以打破财政存款的约束,不少发达国家都是如此"。[1]

根据《国务院关于 2023 年度政府债务管理情况的报告》,截至2023 年末,全国政府法定债务余额 70.77 万亿元,中国政府债务占 GDP 的比重约为 56%,还有非常充分的发债空间。面对偏低的居民消费占比、偏低的居民收入增速、偏低的社会保障覆盖深度、偏低的养老金替代率,我们应当突破传统财政"量入为出"的观念束缚,通过积极的财政政策,大胆增加赤字和国债规模,有力扩张消费需求,解除消费抑制之痛和总需求不足之困,激发生产端的活力,使经济重新回到健康增长的轨道。

---

[1] 刘尚希,《关于 MMT 的四个观点》,"中国宏观经济论坛 CMF"公众号,2022 年 06 月 17 日。

第三节
10万亿元消费繁荣计划

加快建设财政向民生财政的转型步伐，不仅是中国在工业化后半场的必然选择，果断实施财政支出结构的方向调整，推出10万亿元规模消费繁荣计划，更是当前增加居民收入、扩大消费需求、推动经济繁荣的必要选择。

10万亿元消费繁荣计划的必要性

2024年下半年以来，关于出台经济振兴计划的讨论逐渐升温，有很多学者都发表了自己的观点，与我们长期以来呼吁的"尽快推出10万亿元规模的消费振兴计划"有异曲同工之处。

我们认为，推出10万亿元消费繁荣计划对于畅通中国经济循环、推动中国需求结构转型、促进中国经济长期健康发展是十分必要的。2023年以来，消费价格指数长期在1%以下运行，2023年底连续出现负数，通缩压力明显。2024年10月，在一揽子经济政策的提振下，社会消费品零售总额增速已经好转，但CPI仍然保持下行，推出10万亿元消费繁荣计划有利于化解通缩风险。

从劳动力调查失业率数据来看，16~24岁的年轻人失业率从2023年初到2024年中期保持在14%左右的高位平台，2024年下半年再度上升至18%左右，及时推出10万亿元消费繁荣计划有利于化解就业压力，提升长期就业水平。

外需方面，美国等国家继续对华加征关税的确定性越来越高，而且通过转口贸易规避关税壁垒的空间也在收紧。特朗普当选后，一度威胁要对中国进口商品征收60%的关税，[①]对世界其他地区进口商品征收20%的关税；2024年11月又表态将对中国所有商品加征10%的关税，[②]对墨西哥和加拿大的所有商品征收25%的关税，[③]可以说未来5~10年，中国对外经济环境可能迎来改革开放以来前所未有的严峻挑战。

投资方面，民间固定资产投资增长持续低迷，2023年12月以来累计增速连续在1%以下运行，累计出现了10个月以上的负增长，市

[①]《美国专家谈加征关税：美国损人不利己 中国仍将破浪前行》，中国日报网，2024年12月26日。
[②]《特朗普妄言将对进口自中国商品加征10%关税 我驻美使馆最新回应》，央视新闻，2024年11月26日。
[③]《特朗普宣布将对墨西哥与加拿大商品征收25%关税》，央视新闻，2024年11月26日。

场化投资信心严重疲软，而通过财政政策扩大投资的效果越来越弱，空间已经很小。

因此，中国亟待迅速扩大消费需求，出台大规模消费繁荣计划，迅速扩大内需，这是当前迫在眉睫的战略任务。

10万亿元消费繁荣计划的补贴方向

消费繁荣计划的规模可以从纵向和横向的经验来参考。纵向来看，2008年的4万亿元投资计划，相当于当时GDP的10%~15%；横向来看，从2020年各国受疫情冲击后扩大需求的规模来看，大部分刺激计划也达到GDP的15%，例如，疫情后美国的GDP大约为21万亿美元，累计向美国居民和中小企业发放现金接近3万亿美元。根据我们现在将近130万亿元的GDP规模，考虑到这次经济挑战比2008年更严峻，如果刺激计划达到GDP的10%~15%，总规模应该达到10万亿~15万亿元。

10万亿元消费繁荣计划的方向应当如何规划？有学者认为，应当着重加快地方债务的置换，化解房地产市场的流动性危机；也有学者认为，应当加大对困难群体的救助力度，同时加快新型城镇化的推进步伐；而我们的观点则是，应当通过大力度的消费支持计划来重启经济循环。目前来看，2024年9月24日出台的经济提振措施主要聚焦于地方化债、资本市场健康发展和商业银行补充资本金，这些政策的确是非常及时和必要的，也更多带有应急纾困的色彩。

我们认为，中国经济当前的主要症结还是消费抑制之痛和总需求不足之困，要实现中国经济的可持续增长，政策应当聚焦于居民收入增长和消费能力、消费意愿的修复，因此应当从乘数效应更高的领域入手，出台为期3年，每年规模不小于3万亿元，总规模不小于10万亿元的消费繁荣计划，以发放通用消费券的方式迅速提升居民消费能力。

据测算，政府1元消费补贴能够带来平均3.5元以上的新增消费，因此，通过直接发放消费券的方式将有力地启动消费循环。

具体补贴方向如下。

每年不少于1万亿元用于补贴餐饮、住宿、文化、旅游等服务消费。这些行业的特点是产业链更短，消费补贴显效更快。各地的实践表明，餐饮、住宿、文化、旅游消费补贴的杠杆率可以达到10倍以上。

每年不少于1万亿元用于家居装修消费。这一领域产业链较长，杠杆率更大，对居民获得感的提升也更明显。据测算，当前我国住宅存量面积约有900万平方米，如果每10年装修一次，按每平方米装修价格2 000元计算，每年就将形成15万亿~20万亿元的市场规模。装修补贴的杠杆可以达到10~20倍，如果用1万亿元补贴装修市场，就可以激活国内住宅装修市场的消费需求，而且通过装修合同、物业证明等环节实现对消费活动的监管，减少寻租和舞弊行为。

将每年用于补贴汽车家电等耐用消费品的金额提升到1万亿元，可以有效拉动制造业的经济循环。从2024年实施的向地方安排1 500亿元左右超长期特别国债资金支持消费品以旧换新的实践效果来看，相关市场已经显现积极信号，下一步应当继续扩大规模，同时增加企业、产品和渠道的覆盖范围，更加公平地惠及更多的消费者和企业。

除了直接补贴消费，还应当提高困难群体的社会保障水平。尽管中国已经实现了社会保障的基本全覆盖，但整体的保障水平仍然较低，如果能够实质性地改善低收入城市居民和农村居民的养老、医疗保障水平，将会明显提升他们的消费倾向，他们将把更多的储蓄用于改善现在的生活。随着平台经济的发展，当前在快递、外卖、互联网客服等新兴服务行业，灵活就业的劳动者已经超过 2 亿人。这些劳动者在社会保险等方面存在很多空白和不完善，民生财政应当为这个庞大的灵活就业群体设计成本、可转移性和保障性兼顾的社保政策，提升他们的安全感，促进消费。

同时应当研究启动"全民基本收入"计划。随着智能制造、人工智能等技术的不断进步和普及，不仅制造业对劳动力的需求在下降，一般服务业的就业岗位在将来也可能出现下降，未来经济社会的运转模式可能发生深刻变化，建议研究启动"全民基本收入"计划，为低收入人口发放一定的基本收入。

10 万亿元消费繁荣计划的最佳路径选择

消费繁荣计划，是应当通过行政部门的"有形之手"实施，还是通过市场机制的"无形之手"落地，这是一个关系到 10 万亿元计划实施效果的重大选择。

为什么其他国家为了扩大消费一般会选择直接发钱，而我国则倾向于针对特定商品的购买行为发放一定的消费补贴呢？这恐怕与我们过去扩大消费的政策经验有关。

2009年，我国就推出了鼓励汽车、家电以旧换新的政策措施，具体办法是通过招投标确定销售企业、回收企业和拆解企业，消费者在交售旧家电后获得以旧换新凭证，家电销售商凭家电以旧换新凭证，按照新家电售价减去补贴后的价格销售给消费者，财政部门根据销售商的有关记录和凭证给予补贴。

由于当时城市的汽车消费需求和农村的家电消费需求尚未释放，部分城市家庭也有着较强的更新换代需求，政府补贴的确起到了较好的"杠杆"作用，"用财政一个单位的钱带动了市场七个单位的消费"，但同时也由此形成了行政部门主导的"促消费政策"实施模式。

2024年9月，国家发展改革委会同财政部，向地方下达1500亿元超长期特别国债资金，支持各地因地制宜实施消费品以旧换新，目前来看还是延续了以往的实施模式。但从我们调研了解到的情况来看，尽管以往取得了一定的成效，行政部门主导的消费政策实施模式还是暴露出了一些值得关注的问题。

首先是公平性有待商榷。行政部门主导的促消费政策模式往往只选择若干产品、若干企业和若干渠道参加活动，这对于"政策目录"之外的产品、企业和渠道就有些不公平。例如，只限定家电、汽车享受政策，对于服装、食品等商品就是不公平的，对于现在不需要购买家电和汽车的消费者也是不公平的。如果限定某几家大型企业的商品参加活动，对于中小企业也是不公平的。如果限定只能通过少数商业平台才可以参加活动，对于线下渠道和中小商家也是不公平的。

其次是效率较低。行政主导的促消费政策实施方式，要求企业申报，会增加企业的工作量，抬高企业参与的门槛，还要求商务部门在很短的时间内形成细化方案，选择商品、企业、渠道，还有培训相关人员等大量工作，对于基层单位来说往往勉为其难。我们在调研中了解到，某省不足百亿元的消费补贴，经商务部门反复动员才达到预计的推进效果。

与此同时，行政部门主导的促消费政策落实模式，还增加了寻租的概率。无论是委托中介机构选择，还是通过招标确定，能够享受政策的产品、企业和渠道，最终都是由政府部门决定的，少数企业就可能以不正当的手段挤进"政府目录"，还有一些企业和平台将政府补贴视为"唐僧肉"，存在通过不正当手段"刷单"套取补贴的现象。

最后是行政部门主导的促消费政策落实模式，可能导致"杠杆率失真"。也就是说，无论是消费补贴还是以旧换新，都有可能只补贴了家庭计划内消费，而不是激发新增消费。微观调研发现，很多参加以旧换新的消费者是原本就计划淘汰旧家电，购买新产品，有补贴当然更好，没有也会购买。这样的活动只是补贴了存量需求，而不是激发增量需求。

我们认为，直接发放通用消费券，通过市场机制的"无形之手"实现促消费政策落地，在以上几个方面都有明显的优势。

通过市场机制的"无形之手"实现促消费政策落地，可以采用全民发放通用消费补贴（消费券）的方式，也可以只为中低收入群体发放消费补贴（消费券），政策可以对消费券的使用期限做出规定，但这些购买力用于哪些产品或服务，则不加限制，完全由家庭和消费者自己决定。

从公平性来看，发放通用消费券，对于消费者、企业、产品和渠道而言，都不存在歧视，公平性大大提升。从效率来看，只需要中央层面统一制定一个严密公正的消费补贴方案和发放领取细则，确保消费补贴能够直达居民账户，各部门、地方政府和企业都无须再从事烦琐的申报和执行工作，补贴发放之日，就是消费启动之时，效率会大大提高，同时也从根本上杜绝了不合格产品和企业寻租，以及套取财政资金的可能性。从效果来看，市场化发放的消费补贴，消费决策完全由居民自主做出，需要什么就买什么，想在什么渠道购买就在什么渠道购买，几亿消费者的选择，才是推动产品提高质量、企业改进服务的最大动力。

最后需要指出的是，将万亿元级别消费补贴的最终决定权交给消费者，尽管在中国的宏观决策上来说是史无前例的，但它完全符合市场经济原则，对于全球的企业、企业家和投资者来说，是容易理解、容易接受的利好政策，不仅可以提振中国国内对宏观经济的信心，还可以提振全球各国对世界经济的信心，必将得到全球的广泛好评，对于扩大高水平对外开放将发挥重要的推动作用。

第五章
从防通胀到防通缩:
货币政策助力扩大内需

改革开放以来，中国的货币政策为推动工业化、城镇化过程中的投资扩张提供了有力的金融支持。工业化和城镇化高峰阶段过后，拉动经济增长不能再继续依靠投资，而是要投资与消费并重，更加重视消费。如何形成"政府培育消费，消费激活市场，市场引领企业，企业扩大投资"的良性经济循环，既需要货币政策从总量上解放思想，也需要传导机制相应的创新转型。

第一节
以宽松货币政策扩大总需求的普遍选择

发达国家的历史证明，工业化后期阶段都会遇到总需求不足的困扰。在应对总需求不足时，对于应当倚重财政政策还是货币政策，也经历了不断探索的过程。在经历了美国大萧条、日本"失去的二十年"等失败的教训，以及应对科技股泡沫破灭、全球金融危机和新冠疫情冲击的成功经验后，以宽松货币政策扩大总需求，成为后工业国家的普遍选择。

货币政策如何促进美国消费繁荣

货币政策在逆周期调控中的作用，在1929年大萧条时还没有被发现，20世纪30年代凯恩斯经济学问世后，货币政策的逆周期调节作用才开始觉醒。20世纪50年代到1970年末，利率、货币供应量等货币政策工具开始在逆周期调节中与财政政策一起发挥重要作用。20世纪90年代以后，货币政策在美国宏观经济政策中的作用开始越来越重要，甚至成为应对每一轮总需求收缩冲击的主角。

20世纪90年代以后，美联储经历了格林斯潘（任期为1987—2006年）、伯南克（任期为2006—2014年）、耶伦（任期为2014—2018年）和鲍威尔（任期为2018年至今）四任主席，虽然各自面临的经济背景和挑战有所不同，但都有用宽松货币政策稳定总需求的决策经历。

2001年，美国遭受科技股暴跌和"9·11"恐怖袭击事件的双重打击时，格林斯潘果断采取了大幅降息、为资本市场和金融体系注入流动性的措施，在较短时间内化解了资本市场大幅波动带来的信心危机和总需求剧烈收缩。

2009年，伯南克连任美联储主席，面对次贷危机的严重冲击，他迅速采取行动，果断将利率降至零，并运用多种工具为金融体系注入流动性，同时开启大规模量化宽松政策压低长期利率，保障总需求不会出现坍塌，为经济复苏创造条件。

2009年3月，美国股市开始见底回升，2009年底，美国零售销售额恢复正增长，2010年美国GDP增长2.7%，先于全球很多国家和地区实现复苏。伯南克认为，2008年在其任期内实施的低利率和宽松货币政策带有一定的试验性质，过去没有类似的经验可以借鉴，结果是这场政策试验在特定时期被证明是成功的，而且在 2020 年新冠疫情发生后成为鲍威尔拯救危机的经验样本。①

作为伯南克的继任者，面对后金融危机时代美联储庞大的资产负债表，耶伦面临着逐步退出超宽松货币政策和保持美国经济增长的权衡。耶伦基本维持了较为宽松的货币政策，在她的任期内，美国 GDP 保持了平稳增长，失业率从 6.7% 降至 4.1%，显示了她的政策在促进就业和扩大总需求方面的成效。

鲍威尔出任美联储主席后遇到的最大挑战就是新冠疫情的冲击。疫情暴发后，美联储迅速将联邦基金利率目标区间下调至 0%~0.25%，降低借贷成本，鼓励投资和消费，同时开展无上限量化宽松政策，大量购买美国国债和抵押支持证券，以增加市场流动性并稳定金融市场，同时通过多个紧急贷款计划提供流动性支持，确保金融市场的正常运作，还专门创设了中期借贷便利，缓解地方政府的财政压力。鲍威尔的措施很快稳定了剧烈震荡的金融市场，并且保护了受疫情严重影响的居民收入和消费能力，让美国经济在罕见疫情的冲击下仍能够很快企稳并恢复增长。

从理论背景来看，20 世纪 90 年代以前，美国的货币政策在一定程度上受到传统货币理论的影响，认为一切通胀都是货币现象，货币当局应当通过保持货币供应稳定来稳定价格。20 世纪 90 年代以后，美国货币政策逐渐摆脱了传统货币理论的影响，尤其是伯南克在 2008

---

① 邓宇，《美联储掌门人及其货币政策的局限和超越》，"财经杂志"公众号，2024 年 9 月 8 日。

年全球金融危机期间和 2020 年鲍威尔在新冠疫情期间，面对总需求剧烈收缩的风险，通过实施超宽松货币政策，以稳定总需求为主要目标，促进经济增长和就业，已经被实践证明是有效的。

尽管美联储当局否认其政策是以现代货币理论（MMT）为指导，但实际上已经带有浓厚的 MMT 色彩。美联储的无上限量化宽松等政策，实施的基础就是主权政府在主权货币制度下不会破产，政府财政的主要来源是创造货币而非税收，财政支出先于收入，政府部门的财政赤字等于非政府部门的盈余等理论。在这些政策实践中，财政政策已经在很大程度上成为货币政策的执行工具，通过国债等手段为金融机构和资本市场提供流动性，并以居民收入补贴等方式大规模实施财政政策，以扩大国内需求，将实现充分就业作为主要目标。

欧盟货币政策如何治理总需求不足

由于欧元区 20 个成员国之间财政相互独立，并且各成员国之间经济发展很不均衡，制定统一的货币政策难度高于美国和日本这样的国家。

但无论从 2008 年全球金融危机、2010 年欧债危机，还是 2020 年新冠疫情冲击下的表现来看，欧洲央行的货币政策已经逐渐摆脱了传统货币数量论和货币主义思想的影响，以应对总需求不足、稳定经济为第一要务，欧洲央行做出了很多前所未有的创新。

据欧洲央行前行长、意大利前总理马里奥·德拉吉回忆，2012 年的欧洲主权债务危机导致借贷成本上升、金融分化和经济活动萎缩的恶性循环，而欧洲央行的降息政策也遇到了传导失效的问题，向银行提供流动性贷款、扩大银行抵押品范围等政策，也因为银行不愿意放贷而基本无效。

为了修复银行去杠杆化带来的传导问题，消除通缩压力，欧洲央行在2014年推出了3项政策：（1）通过定向长期再融资操作，向银行提供长期流动性（前提是银行要向私人部门提供贷款）；（2）对超额准备金实行负利率，以进一步鼓励银行向居民和企业贷款；（3）资产购买计划（APP），购买资产支持证券和担保债券。另外，还以进一步下调政策利率，并采用前瞻指引作为补充。在这些政策措施的支持下，欧元区经济稳步复苏。[①]

2020年新冠疫情发生后，欧洲央行推出了规模达1.85万亿欧元的紧急购买计划，通过直接从银行购买债券，以及购买公司债券，来为银行体系注入资金；同时将其主要利率维持在历史低位，以支持消费和投资。欧洲央行还增加了可以向银行借款的金额，并放宽了银行为了向受疫情影响最严重的领域（包括中小企业）发放贷款而借款的条件。

与美联储的充分就业－稳定物价货币政策相比，欧洲央行以稳定物价为单一目标。也有学者提出，在价格稳定与充分就业之间，实际上存在着一种"神圣巧合"，即如果通胀稳定，那么产出也会保持在

[①] 马里奥·德拉吉, 司马亚玺. 欧央行货币政策的演进、教训与挑战[J]. 国际金融, 2019, (03): 3-5.

潜在产出水平上。当物价低于货币当局的通胀目标时，可以判断是需求不足造成了就业不足和通胀水平过低，这时货币当局就需要采取宽松的货币政策。[①]

超宽松货币政策：日本走出通缩的经验

2013年以来，鉴于前期实施的一系列经济提振政策均未能将日本经济从总需求不足的状态中解脱出来，日本安倍晋三政府提出了"三支箭"的政策主张，即超宽松的货币政策、大规模财政刺激计划和结构性改革。"三支箭"中又以超宽松的货币政策为重点，将实现2%的通胀率作为其核心政策目标。以黑田东彦为行长的日本央行果断坚决地实施了超宽松的货币政策，取得了举世瞩目的成效。

黑田东彦将超宽松货币政策落实为三个阶段，即2013年4月到2016年1月的量化质化宽松政策、2016年1月到9月的"QQE+负利率"政策，以及2016年9月到2023年3月的"QQE+YCC"政策。

2013年4月开始的量化质化宽松政策的核心是，将政策操作对象从无担保隔夜拆借利率直接改为基础货币，主要手段是通过大量购买长期国债、交易所交易基金以及房地产投资信托基金，向市场大规模投放基础货币。这一政策很快显现出了效果，2013年底，CPI与核心CPI同比分别升至1.6%和1.3%，但不适当地提高消费税税率，导致

[①] 张斌.从制造到服务：结构转型期的宏观经济学[M].北京：中信出版社，2021.

消费需求收缩，CPI 再度出现回落。

2014 年，日本央行再度加码 QQE，即基础货币目标从每年 60 万亿~70 万亿日元增加到 80 万亿日元，长期国债目标从每年增加 50 万亿日元提高到 80 万亿日元，交易所交易基金增速从每年 1 万亿日元增加到每年 3 万亿日元，房地产投资信托基金规模从每年 300 亿日元增加到每年 900 亿日元。

以黑田东彦为代表的日本央行推行超宽松货币政策的决心是非常坚定的。2016 年，由于能源价格持续大幅下行，2% 的通胀目标更难实现，日本央行突然决定实施负利率政策，即金融机构的基本准备金利率为 0.1%，宏观补充性准备金利率为 0，而其他政策利率准备金利率水平为 –0.1%。

负利率政策出台后，日本长端利率大幅下降，甚至出现短端利率高于长端利率的利率倒挂现象，为了扭转利率倒挂，日本央行导入收益率曲线控制操作，即在维持政策利率准备金 –0.1% 不变的前提下，通过灵活购买不同期限日本国债，将 10 年期国债收益率基本维持在 0 附近水平，而将短期国债收益率压低在 –0.1% 左右。

超宽松货币政策将日本从近 30 年的通缩泥淖中逐渐拖曳出来。虽然在 2020 年因新冠疫情冲击，消费和 GDP 出现负增长，但日本整体经济复苏趋势已经明朗。2021—2023 年，日本商业零售销售额年增速分别为 1.9%、2.6%、5.6%，消费逐渐繁荣；家庭月均工资收入从 2016 年的 428 955 日元增长至 2022 年的 491 319 日元，增长速度明显高于以往十几年的走势，收入恢复增长；到 2024 年 7 月，日本

CPI已经连续27个月实现了2%以上的通胀目标，价格也走出了通缩；2021—2023年日本GDP增速分别为1.7%、1.0%、1.9%，2023年的名义GDP增速为5.7%，增速逐渐提升，经济复苏的趋势已经逐渐确定。

在推动日本经济复苏和繁荣的过程中，股市和房地产发挥了重要而积极的作用。2012年日经225指数创出了8 665点的低点后开始上行，但到2020年疫情暴发之前，已经突破了24 000点，涨幅超过177%。2020年因疫情下探后，再度震荡上行，2021年上升至30 000点以上，2024年7月摸高至41 190点以上，较疫情发生后的最低点涨幅超过150%。

日本房地产市场也趋于繁荣，不动产价格指数从2013年初的99点左右上升至2024年7月的140点左右，升幅约40%。黑田东彦所期望的"企业销售和利润增长、工资增长、消费扩大、价格适度上涨"的良性循环已经形成。

以宽松货币政策扩大总需求成为后工业国家的普遍选择

回顾美国、欧洲和日本等经济体的利率变迁会发现，20世纪90年代以后，这些后工业经济体的利率普遍进入下行走势，即使出现加息，维持的时间也相对很短。其根源在于，后工业社会总需求不足的压力长期存在，只有维持较低利率，才能有效扩张消费需求，提升社会平均消费倾向，同时为高风险的创新活动提供充足的资金供给。例如，美国在2008年以后就保持了0.25%以下的低利率，2015年才开始小幅加息。新冠疫情发生后，美国迅速将联邦基金利率再次降低到0.25%的水平。

美联储的货币政策目标是促进最大就业、稳定价格和的长期增长。由于后工业社会总需求长期不足成为宏观经济的主要矛盾，宏观政策的主要目标也是扩大总需求，推动经济增长靠近潜在增速。在很多时候采取低利率政策的原因是，通胀水平长期没有达到2%的目标，这也是欧元区和日本长期实行低利率的原因。

在后工业社会，基础设施、工业产能和居民住宅等投资需求都已经相对饱和，投资的主要领域是服务业，其中研发创意产业是提供新供给、创造新需求的重要方面。由于研发创意产业的高风险特征，需要大量低成本资金的支撑才能完成。美联储在20世纪80年代以后就开启长达40年的降息周期，为美国IT（信息技术）等科技产业的创新研发提供了低成本资金，2020年底，美国风险投资总额接近1 500亿美元，催生了计算机、互联网、移动互联网、人工智能等一波又一波创新成果和新兴产业，可见低利率政策是美国经济增长的重要推动因素。

20世纪90年代中期，时任美联储主席格林斯潘就注意到了信息技术发展对生产率的提升作用，认为美国经济的生产率很可能在经历了20年的停滞之后，重新进入上升阶段。1996—1997年，美国经济强劲反弹，不少人倾向于加息，格林斯潘却判断生产率提升使美国经济可以容忍更低的失业率，而通胀不会上升，因此对利率采取更加"鸽派"的态度，为新经济的发展提供了低成本的融资环境。

在 2008 年全球金融危机的冲击下，美国零售额同比增速在 2009 年出现了 –12% 的极端低点，但在低利率政策的支撑下迅速复苏；受新冠疫情冲击，2020 年零售额同比增速更是出现了 –19.67% 的极端情况，但美联储及时降息加上直接消费补贴，零售额增速也很快恢复到正常水平。

同时，在新冠疫情的冲击下，欧洲央行、英格兰银行、加拿大央行等主要经济体的货币当局都在短期内迅速将政策利率降至接近 0，加大回购、再贴现等操作的力度，大多数主要经济体央行实施或加大了量化宽松力度，全力应对疫情带来的资本市场剧烈波动和总需求收缩。

例如，日本央行将基准利率维持在 –0.1% 的水平，并承诺无限量购买国债，将交易所交易基金年度购买目标从 6 万亿日元提升至 12 万亿日元；还增加了对交易所交易基金和房地产投资信托基金的购买规模，分别增加一倍至 12 万亿日元和 1 800 亿日元，并至多额外购买商业票据和公司债各 7.5 万亿日元。

澳大利亚储备银行在 2020 年 3 月、11 月两次分别降息至 0.25%、0.1%，同时实施了三轮量化宽松，央行资产负债表规模扩大了两倍，达到约 6 500 亿澳元（折合约 4 650 亿美元）。

加拿大央行在 2020 年 3 月将政策利率降至 0.25%，承诺每周至少购买 50 亿加元的加拿大政府债券，直到经济复苏取得良好进展，同时还购买加拿大抵押贷款债券、商业票据、银行承兑汇票、公司债券以及省和联邦政府债务，向市场注入流动性。

印度央行在2020年3月和5月两次累计降息115个基点，并且在2021年4月宣布购买1万亿卢比政府债券的基础上，在2021年6月进一步宣布增加购买1.2万亿卢比政府债券，来为市场提供流动性支持。

韩国央行在2020年3月和5月两次降息，将基准利率从1.25%下调至0.75%和0.5%，之后始终维持0.5%不变。同时韩国央行在2020年4—6月取消了回购债券买进额度限制，全额买进金融机构每周要求其买进的债券，无条件向金融公司提供流动性支持。

2020年新冠疫情发生后史无前例的大宽松政策，虽然让美国和其他发达国家经历了两年的通胀，但同时也带来了资本市场牛市、消费繁荣，低失业率和强劲的经济增长。疫情以后，美国和欧洲为了抑制通胀，虽然一度大幅提高了利率水平，但一旦物价回落，就又开始了降息和宽松货币的新历程——以宽松货币政策扩大总需求已经成为后工业化国家的普遍选择。

第二节
中国货币政策的艰难转型

在改革开放40多年的历程中，中国货币政策为保持宏观经济稳定发挥了重要的作用。但受20世纪八九十年代短缺经济，以及21世纪经历的几次通货膨胀、股市泡沫和房地产泡沫的影响，形成了以防通胀、防过热、防泡沫为潜在主导思想的货币政策。如今，在总需求不足之困逐渐加重，以及面临着通缩、资产价格通缩、企业和家庭资产负债表衰退的背景下，中国的货币政策也面临着紧迫的转型挑战。

积极有为的中国货币政策

1992年确立社会主义市场经济体制以后，在"市场经济+宏观调控"的框架下，中国货币政策也表现出很强的灵活性，实现了对经济的有效调控。

例如，针对1992年出现的"高投资增长、高财政支出、高货币发行和高物价"等经济过热信号，1993年开始从财政和货币两个方面采取紧缩政策，确保经济实现"软着陆"：GDP增长率由1992年的14.3%逐步降至1998年的7.8%，消费价格指数从10.9%降至2.5%。从当时的货币政策来看，还保留着一定的行政计划色彩，如控制货币发行与信贷总规模，纠正违章拆借资金，坚决制止各种乱集资现象等，当然也包括严格控制税收减免、适度压缩财政开支、大力增加储蓄存款、提高发行的国库券利率等比较典型的财政和货币政策措施。

1998年前后，由于受亚洲金融危机、国内国企脱困等的影响，中国经济逐渐呈现出需求不足的迹象。这时宏观政策转向宽松，而且具体措施都更加市场化，货币政策表现出很强的灵活性，不仅取消了商业银行的贷款限额控制，而且多次下调存贷款基准利率，两次降低法定存款准备金率。在积极财政政策与宽松货币政策的配合下，2004年GDP增速达到10.1%，物价也回归正常水平。

这一阶段财政政策与货币政策能够有效发挥作用，一个重要原因是当时中国仍处在快速工业化和城镇化的进程中，货币政策可以很快传导到信贷规模的变化。

2007年，中国经济原本已经出现了过热苗头，宏观政策原本处于防通胀、防过热的"双防"紧缩阶段，2008年全球金融危机和汶川地震等外部冲击突然袭来，中国经济面临剧烈的总需求收缩，迫使中国的宏观政策组合迅速转向扩张。

2008年11月9日，国务院常务会议宣布对宏观经济政策进行重大调整，财政政策从"稳健"转为"积极"，货币政策从"从紧"转为"适度宽松"，同时公布了两年总额达4万亿元的庞大投资计划，明确要求"出手要快、出拳要重、措施要准、工作要实"。12月中央经济工作会议提出要实施积极的财政政策和适度宽松的货币政策，随后国务院又出台了家电下乡、汽车下乡、十大产业振兴计划等刺激政策。

2008—2009年，中国5次降息、7次下调存款准备金率。在宽松货币政策和积极财政政策的带动下，企业信贷也快速扩张，人民币贷款余额增速从2008年的18.7%迅速增长到2009年的31.3%，房地产开发贷款增速从2008年的7.22%，快速反弹至2009年的30.97%。全社会固定资产投资增速2009年达到25.7%。

由于当时中国仍处在工业化和城镇化的高峰阶段，扩大投资的财政政策和宽松的货币政策相配合，很快见到了效果，到2009年第二季度中国经济就基本企稳，第三季度GDP增速就恢复到9.6%。这次宏观政策的转向有效地应对了总需求收缩的冲击，将中国经济从失速的边缘拉了回来，为今后应对总需求收缩积累了经验。

中性和结构性货币政策的艰难探索

2010年以后，中国经济再度逐渐出现通胀，2010年至2011年6月，CPI从1.5%持续抬升至6.5%，中国开始逐渐退出为应对金融危机出台的宽松政策，主要表现是中国人民银行多次提高利率和存款准备金率。

更大的变化是，这个阶段出现了很多反思金融危机应对政策的观点。在这种批评的影响下，中国的货币政策开始趋于保守，出台降息、降准政策都极为谨慎。

为了应对经济增速下行压力，宏观决策部门主要通过增加投资来扩大总需求，辅之以一定的结构性货币政策。2010—2019年，财政赤字率从0.96%扩大到4.61%，在稳增长的宏观政策组合中，以投资为主要工具的财政政策占据主要角色，总量货币政策的空间和力度越来越小，中国开始了中性和结构性货币政策的艰难探索。

在这十几年中性和结构性货币政策探索阶段，减息降准等宽松政策被长期误解，宽松政策被攻击为"放水"或"大水漫灌"。不少人认为，大规模降息、降准是不必要的，只要通过精准的结构性货币政策，就可以实现"谁缺钱就给谁"的良好目的。但实践证明，中国的货币流向难以摆脱各种现实规律的影响，比如"大河小河"定律、资产抵押优先定律、隐性担保定律和收益/风险定律。

"大河小河"定律是指，金融机构在吸收存款时遵循的规律是从基层的分支机构、小金融机构逐渐汇聚到总部、大金融机构，"小河有水大河满，小河水少大河干"；而在发放信贷的时候，则先流向大金融机构，然后再一层层地流向中小金融机构，就如同从心脏流出的血液，总是先流向大动脉，然后再一层层地流向遍布全身的毛细血管，"大河有水小河满，大河水少小河干"，如果大河（大金融机构）

的水（资金）没有溢出来，小河（小金融机构和企业）就会断流。

资产抵押优先定律是指，那些有看得见、摸得着的抵押担保品的企业，如房地产企业、钢铁贸易企业等，一度都非常受银行信贷资金青睐，而中小微企业、服务类企业、高新技术企业，能够拿得出抵押的土地、厂房和商品较少，自然在融资上处于劣势。

隐性担保定律是指，政府基本建设项目、国有控股企业，实际上背后都有政府信用的"隐性担保"，商业银行的信贷资源都难以扭转地优先流向这些项目和企业。

收益/风险定律是指，正如"水往低处流"的规律难以改变，资金追逐高收益也是难以改变的。如果某些行业阶段性地预期收益较低，而金融产品能够提供更好的收益，自然会有一部分资金先流向金融市场，再通过金融市场流向实体经济。

如果忽视了上述几个现实存在的规律，简单认为"大水漫灌"无效而拒绝降息、降准等宽松政策，政策效果就会南辕北辙——无论设置多少障碍，都无法阻止江河湖水流向大海，只不过会增加"断流者"的利益；无论设置多少信贷的障碍，最终也改变不了"大河小河"定律、资产抵押优先定律、隐性担保定律，更阻挡不了资金回避风险、追逐收益的本性，结果只是抬高了终端企业的资金成本。

由于过于强调结构性货币政策，忽略了货币政策的总量属性，在绝不搞"大水漫灌"的前提下，通过结构性货币政策引导货币更多流向实体经济、支持中小微企业成为主流观点。为此中国货币决策部门探索了许多创新方法，例如，针对中小金融机构执行差别存款准备金率、普惠性再贴现再贷款、普惠小微企业贷款延期支持工具、普惠小微企业信用贷款支持计划等。这些措施对于引导货币流向实体经济、支持中小微民营企业发挥了一定作用,但对于国有大中型企业和民营中小微企业的资金供给"冰火两重天"的情况并没有根本改变,对于支持中小微企业降低融资成本的实际效果并不显著,中小微企业普遍反映"缺乏获得感"。

还有一种反对实施宽松货币政策的观点,认为中国经济的货币供给并不缺乏,问题在于货币政策的传导机制存在梗阻,如果不通过改革解决货币政策传导机制的问题,"放再多的水"也没有用。事实上,就像饥渴的病人首先需要的是饮水或输液而非体育锻炼以固本培元一样,改革也不应当成为阻止逆周期调节的借口。

然而,正是在这一系列似是而非的错误认知的影响下,中国的总量货币政策被束缚了手脚,面对持续的经济下行,宽松的货币政策被弃之不用,造成总需求不足现象越来越严重,直到通缩风险越来越近。

直面通缩风险,转向适度宽松

面对经济下行和通缩风险的严峻挑战,2024年以来,中国的货币政策已经迈出了转向的步伐,其中既有与时俱进的观念转变,也有相应的政策调整,例如,开始明确直面通缩的风险。中国人民银行行长潘功胜两次表示,"把维护价格稳定、推动价格温和回升作为重要考量"①，"将把促进物价合理回升作为重要考量"②，表明中国人民银行已经从单纯防通胀的思路，转向保持价格稳定也要与时俱进，在现阶段更需要防通缩的思路。

又如，央行已经明确认识到，在经济运行中，需要把握好"投资和消费的动态平衡"，实现经济的动态平衡，需要把握好"宏观经济政策的作用方向应从过去的更多偏向投资，转向消费与投资并重，并更加重视消费"③。

此外，央行开始更加深入地认识和思考结构性货币政策的作用，尽管还加上了"传统意义上"的前提，但已经开始重新认识"货币政策是总量工具"，指出需要将结构性货币政策工具定位于常规总量工具的有益补充，在使用中要"合理把握结构性货币政策工具的规模，已实现阶段性目标的工具及时退出"④。

决策观念的转变推动了货币政策逐渐宽松。2024年9月以后，中国人民银行出台了一系列总量和结构政策，为宏观经济和资本市场注入了急需的流动性。主要措施包括如下几个方面。

货币政策方面，降低存款准备金率和政策利率，并带动市场基准利率下行。2024年9月，下调存款准备金率0.5个百分点，向金融市

---

① 中国人民银行，《中国当前货币政策立场及未来货币政策框架的演进——中国人民银行行长潘功胜在第十五届陆家嘴论坛上的主题演讲》，2024年6月19日。
② 中国人民银行，《高质量发展与中国经济动态平衡——中国人民银行行长潘功胜在2024金融街论坛年会上的主题演讲》，2024年10月18日。
③ 同上。
④ 中国人民银行，《中国当前货币政策立场及未来货币政策框架的演进——中国人民银行行长潘功胜在第十五届陆家嘴论坛上的主题演讲》，2024年6月19日。

场提供长期流动性约1万亿元。降低央行的政策利率，即7天期逆回购操作利率下调0.2个百分点，从1.7%调降至1.5%，同时引导贷款市场报价利率和存款利率同步下行，保持商业银行净息差的稳定。

资本市场方面，创设了两项新的货币政策工具，支持股票市场稳定发展。一是创设证券、基金、保险公司互换便利，支持符合条件的证券、基金、保险公司通过资产质押，从央行获取流动性，这项政策将大幅提升机构的资金获取能力和股票增持能力。这项互换便利首期操作规模是5000亿元，未来可视情况扩大规模。中国人民银行行长潘功胜表示，"第一期5000亿元，还可以再来5000亿元，甚至可以搞第三个5000亿元，我觉得都是可以的，是开放的"。

二是创设股票回购、增持专项再贷款，引导银行向上市公司和主要股东提供贷款，支持回购和增持股票。这项再贷款首期额度3000亿元，未来可视运用情况扩大规模。潘功胜也表态，如果未来首期（股票回购增持专项再贷款）做得好，可以再来第二期3000亿元，甚至第三期。

房地产市场方面，引导商业银行将存量房贷利率降至新发放贷款利率的附近，预计平均降幅大约为0.5个百分点。统一首套房和二套房的房贷最低首付比例，将全国层面的二套房贷款最低首付比例由当前的25%下调到15%。将2024年5月中国人民银行创设的3000亿元保障性住房再贷款，央行资金的支持比例由原来的60%提高到100%，增强对银行和收购主体的市场化激励。

商业银行方面，对六家大型商业银行增加核心一级资本。据机构测算，如果分别注资提升六大行核心一级充足率0.5个百分点、1个百分点、2个百分点，隐含缓解银行资本压力2年、5年、10年的假设，分别需要注资规模为0.5万亿元、1.1万亿元、2.1万亿元，理论上1万亿元的注资能够长期撬动14万亿元的长期总资产投放。[1]

2024年12月召开的中央经济工作会议明确，要执行"适度宽松"的货币政策，这距离中国上一次，也就是2009年提出"适度宽松"的货币政策已经长达15年之久。15年后再次转向适度宽松，表明中国货币政策正在全面转向提振消费、扩大内需的新阶段。

---

[1] 向家莹. 六大行"增资"稳步推进 将撬动基建等重点领域信贷投放[N]. 经济参考报，2024-11-07.

第三节
中国货币政策：新目标、新机制、新观念

当中国经济的主要矛盾从供给不足转向需求不足，需求侧增长动力从投资转向消费，货币政策应如何全面转向扩大总需求，尤其是扩大消费需求？在面对汇率、物价、就业、增长、资产价格等多重目标的冲突时，中国货币政策应如何选择？在房地产、基建和企业信贷需求不足时，适度宽松货币政策需要哪些新传导机制？为了在提振消费、扩大内需过程中发挥更大的作用，中国货币政策需要哪些新理论和新观念？

不要被新的"金本位迷信"束缚

"货币因素，特别是金本位制是造成大萧条的罪魁祸首……那些

较早放弃金本位制的国家,脱离金本位制后实现了国内货币供给增加、价格上涨,很快就摆脱了大萧条,经济迅速复苏。与此相反,所有重新恢复金本位制的国家几乎同时出现了货币紧缩、价格下跌、产出和就业严重下滑的现象。"作为研究大萧条的专家,美联储前主席伯南克在一篇论文中这样指出。通过对1929年大萧条的深入研究,美国经济学界和政策界获得了不少宝贵的经验。很多研究指出,由于实行了错误的货币紧缩政策,美联储应当为大萧条的破坏性之大和延续时间之长负责。

时间来到21世纪20年代中期,束缚我们的不再是对金本位制的迷信,但新的货币教条又占据了我们的头脑。货币供应量的增长应当与经济增长速度匹配、坚持社融规模和货币供应量比名义GDP增速略高、不搞"大水漫灌"等观念已经严重束缚了中国的货币政策,甚至有些人还无视货币需求结构、信用货币的自动生成机制和货币流向的复杂性,仍然停留在"费雪方程式"的年代,可以说是"不知有汉,无论魏晋"。

工业化社会后期,总需求不足成为常态,实行宽松的货币政策并不意味着通胀。从日本的实践就可以看出,长达数年甚至数十年的零利率、负利率政策,也很难将CPI推上2%的目标。中国、美国、日本这样采取主权信用货币制度的国家,其基础货币的投放应当更多与价格水平挂钩,让经济能够保持在温和通胀的水平上,就像庄子在《逍遥游》中所说的,"且夫水之积也不厚,则其负大舟也无力",如果没有足够的基础货币量,中国经济这条大船浮都浮不起来,还怎么谈得上乘风破浪？

在货币政策和货币理论的研究与发展方面，对于包括现代货币理论在内的当代货币理论最新发展成果，以及日本、美国在货币政策方面所经历的实践和取得的经验教训，我们都应当以与时俱进、实事求是、海纳百川的态度认真借鉴学习。

现代货币理论是以由德国经济学家格奥尔格·弗里德里希·克纳普在1905年出版的《国家货币理论》一书为理论源头，由美国经济学家兰德尔·雷等系统性提出的，其要点是：主权政府在主权货币制度下不会破产；政府财政的主要来源是创造货币而非税收，财政支出先于收入；政府部门的财政赤字等于非政府部门的盈余，因此财政政策的目标不是平衡收支，而是实现充分就业。

尽管现代货币理论受到主流经济学界的批评，各国央行也在表面上和它划清界限，但2008年全球金融危机以后，以及受2020年新冠疫情的冲击，美国所采取的大规模经济救助政策，明显具有现代货币理论所界定的特征：政府不以税收为支出约束，而是通过国债等手段为金融机构和资本市场提供流动性，并以居民收入补贴等方式大规模实施财政政策，以扩大国内需求，将实现充分就业作为主要目标。2013年以后日本的超宽松货币政策也在很大程度上实践了现代货币理论的政策逻辑，即通过大规模购买国债和交易所交易基金，日本央行向经济注入了巨量的基础货币，扩张基础货币依靠的实际上是日本政府的铸币权，通过财政赤字货币化来推动经济向实现充分就业移动。

长期以来，我们将"量入为出"作为财政政策的出发点，在极端情况下我们还认为"既无内债,又无外债"是经济状况良好的表现,但实际上,这是将家庭的开支规律套用在拥有主权货币发行权的政府头上,明显脱离了主权国家货币发行的自主性和工业化国家强大的产品生产能力这两个基本事实,限制了政府的财政政策和货币政策空间。

之前在货币政策的宽松问题上采取了过于谨慎的态度,面对新冠疫情的影响,也仅仅动用降准和再贷款工具来对冲,央行资产负债表规模保持基本稳定,这客观上造成了国内基础货币的供应偏紧。简单套用 M2(广义货币供应量)或用社会融资规模等指标来衡量货币供应量,实际上混淆了基础货币和派生货币,混淆了市场主体的信用扩张和央行的基础货币投放。为了解决中国经济总需求不足的主要矛盾,虽然实施了一定的降息措施,但是力度明显不够,而且僵化地与 GDP 增速相匹配,简单的以 M2 或社会融资规模为观察指标的货币投放机制,已经使中国经济的基础货币出现严重短缺。因此,我们亟须对日本、美国的货币政策进行客观、科学的研究和借鉴,摆脱新的"金本位迷信"对货币政策观念的束缚,实施更大规模的宽松货币政策,尽快大幅度下调政策利率,并研究通过量化宽松等方式大规模增加基础货币投放,才能解决中国的总需求不足之困,推动中国经济进入新的增长轨道。

告别五大"过去式",重审货币政策新目标

一个国家的货币政策不仅直接影响该国房地产市场、股市、物价

和汇率，而且影响总需求，是该国经济能否达到潜在增长水平、能否实现充分就业的关键变量。然而，由于我国某些货币政策目标还停留在"过去式"思维中，影响其对支持经济增长、促进充分就业发挥更积极的作用。

第一种"过去式"背景是"防通胀"。改革开放以来，中国出现过几次严重的通胀，由于物价直接影响到居民生活，"防通胀"在货币政策目标中占据很高的权重。近几年来，尽管中国通胀压力早已化解，甚至工业品领域的通缩迹象越来越明显，但是对输入型通胀的恐惧仍在。当前央行已经认识到，应当把维护价格稳定、推动价格温和回升作为重要考量，但在更深层次的决策思维和社会舆论层面，很多人仍在宽松货币政策与通胀之间画上等号，一提到货币政策，就想到防通胀。因此，需要树立起"短缺经济防通胀，过剩经济防通缩"的理念，为实施宽松的货币政策创造条件。

第二种"过去式"背景是"防房地产泡沫"。2010年以后的10年左右时间，尽管政府不断出台平抑房价上涨的政策措施，房价仍在波动中不断上涨，给年轻人和中低收入者购房带来很大压力。在这个阶段，"宽松的货币政策等于给房地产市场火上浇油"的认知也被逐渐强化。当前楼市的供需关系已经发生重大变化，进入需要"促进房地产市场止跌回稳"的阶段，甚至很多地产项目出现了在建住宅工程烂尾，面临"保交楼"的压力。在新的背景下，"防房地产泡沫"的理念已经逐渐不合时宜，但其对货币政策的影响仍然存在。

第三种"过去式"背景是"恐惧股市上涨"。2015年股市大幅波动之后,"一朝被蛇咬,十年怕井绳","防止股市大起大落"的监管思路有其合理性,但在实践中,往往在股票持续上涨时采取限制措施,而在个股持续下跌时则默认为合理。在强调避免"脱实向虚"的背景下,股市上涨似乎成了经济"向虚"的标志,具有了天然的"不正当性",货币政策也难免受到影响,一提降息、降准就联想到催生股市泡沫,限制了货币政策的正常空间。

事实上,各国央行都把房地产和股市等资产市场作为其货币政策目标之一,因为央行的任何货币政策变化,都是影响该国房地产和股市定价最重要的变量。不同的是,欧洲、美国、日本、印度等经济体的央行,都长期支持股市和房地产上涨,至少是乐见其成;而我国货币决策部门长期以来则把防房地产泡沫、防股市泡沫当作主要任务。

第四种"过去式"背景是"防汇率贬值"。人民币汇率贬值将导致资本外逃和金融风险,这种认知来自对"东南亚金融危机"等历史的认知,但存在较大的偏颇。有研究结果显示,出台降息等政策措施,初期会因为国内外利差扩大等造成人民币汇率贬值,但宽松货币政策对经济基本面的改善长期将提升人民币资产的吸引力,从而推升人民币汇率再次回升。中金公司在研究了2019年以来的5次降息与汇率波动的关系后发现,人民币汇率通常在3个月内实现了见底企稳,并在不长的时间内就回到了降息前所在水平,印证了降息对汇率长期并非利空的判断。

从经济学原理上讲,大国开放经济,比如中国、美国、日本,其货币政策目标首先考虑的是庞大的国内经济,而不是对外经济部门,这同新加坡、马来西亚这样的小国开放经济体是不一样的。比如，中国的利率变化会影响 14 亿人和所有中国经济体，而汇率只影响对外经济部门，所以当内部经济目标与外部经济目标发生冲突时，中国应该毫不犹豫地选择内部目标，而不是相反。

对当前中国经济而言，如果选择大幅降息，短期虽然会造成人民币一定的贬值压力，但降息同样会促进经济增长、增加就业、大幅提高房地产和股市的估值，从而会显著提高中国资产的吸引力，一旦外资追逐中国资产，更多来华投资，加上贬值带来更大的出口顺差，则必然有利于人民币的长期升值——一个国家的汇率，短期受贸易顺差和资本项目息差交易的影响，长期还是由经济增长率决定的。

只有经济长期增长，才是维护一个国家汇率稳定和长期升值的本质力量。反之，靠牺牲国内经济增长来换取短期汇率升值，一旦国内经济受到严重破坏，长期看汇率也必然会贬值。设想，如果美国像 1985 年对待日本那样，拥有影响中国的话语权，它会不会也同样要求人民币大幅升值？我们应该像日本那样顺应美国经济的需要吗？

第五种"过去式"背景是只强调"结构性"货币政策，不敢采用总量宽松政策。殊不知由于经济体本身就是"连通器"，以及短期无法改变的体制性原因，"精准滴灌"的目标并未实现，反而因为总量偏紧阻碍了民营企业和中小微企业实际融资成本的下降。虽然 M2 和社会融资规模看上去增速不低，但更能够反映经济活动性的 M1（狭义货币供应量），也就是现金加企业和居民活期存款增速常年偏低，考虑到居民消费、买房、投资股票基金，以及企业交易都需要活期存款，因此代表活期存款的M1增速偏低，说明结构性货币政策难以满足消费、投资、金融市场以及经济增长对货币的需求。

当前，中国的货币政策应当尽快摆脱以上五大"过去式"的束缚，确立新的政策目标体系。

一方面，当前中国经济已经是过剩经济，从PPI、CPI的各项指标看，都呈现典型的通缩特征。货币政策更重要的目标应该是防止经济陷入通缩，这与防止经济失速和保证充分就业，实际上是一枚硬币的两面。也就是说，在价格稳定与充分就业之间，实际上存在着一种"神圣巧合"，即如果通胀稳定，那么产出也会保持在潜在产出水平上。

各国都赋予央行巨大的权力，而与这些权力相伴的，则是要求其承担重大的责任——排在各国央行责任之首的，基本都是经济增长和充分就业，并在确保增长和充分就业的前提下，兼顾物价、汇率的稳定。根据《中华人民共和国中国人民银行法》，中国人民银行的"货币政策目标是保持货币币值的稳定，并以此促进经济增长"。由此可见，在物价稳定的前提下，促进经济增长才是央行的主要职责。

另一方面，在当前的中国经济背景下，如同在全球任何市场经济国家一样，能够影响房地产未来的政策变量并不在住建部和地方政府，能够决定中国股市走向的政策变量也不在证监会，这些政策变量全部掌握在央行手中。因此，像欧洲、美国、日本等任何市场国家一样，我国的央行也应该对房地产市场和资本市场的繁荣稳定负主要责任——在当前背景下，防止房地产市场风险的进一步放大，防止股市持续下跌，以及由此引发的投资和消费的负循环，应该成为当前中国货币政策的主要目标之一。

归根结底，当前中国货币政策的首要目标应该是确保经济增长不低于潜在经济增速，确保充分就业；其次是化解房地产风险，促进中国资本市场的繁荣，并把物价目标定在 CPI 3% 左右的水平；最后才应该是以"我"为主的、灵活多变的人民币弹性汇率政策。

货币政策新目标体系探索

2021 年以来，每年的政府工作报告都设定了"消费价格指数涨幅 3% 左右"的通胀目标，但实际都低于这个水平，2021—2023 年的 CPI 涨幅分别是 0.9%、2.0%、0.2%。很多人认为，没有发生超过 3% 的通胀就是很好地完成了任务，但殊不知长期低于 3% 的通胀率就意味着总需求不足、就业不充分，CPI 低于 1% 就是通缩的信号，发展下去就是经济衰退。

当前，中国经济就面临着严峻的通缩风险、房地产价格持续下跌风险、股票市场估值破位风险，各方都应当高度重视实现 3% 的 CPI 政策目标，只有摆脱了通缩压力，才能将增长率推向潜在增长率，5% 左右的经济增长目标才能实现。关于这一点，我们也应当重视当代宏观经济学的相关成果——布兰查德和加里教授在标准的新凯恩斯模型中提出"神圣巧合"，即如果通胀稳定，那么产出也会保持在潜在产出水平上。货币政策目标把通胀放在最突出的位置上，得到的不仅是物价稳定，也兼顾了产出和就业。[①]因此，长期来看，中国人民银行应当考虑将 3% 的 CPI 增长率作为货币政策的主要目标。

而对于货币政策的中介目标，则更应当关注基础货币投放。很多人认为，中国的 M2 和社会融资总额增速与 GDP 增速相匹配就可以了，但根据历史经验，M2 增速要达到 GDP 增速两倍以上才能基本满足需要，而且资本市场和房地产等资产市场的健康发展也需要流动性支持。

此外，M2 甚至社会融资规模等指标本身就是信用扩张的结果而非原因，更不是央行主动控制的货币供给。如果经济周期进入下行区间，市场主体倾向于收缩信用，M2 和社会融资规模增速就会下行，这时更加需要央行通过公开市场操作等方式为经济提供基础货币，而不是简单盯着 M2 增速来观察货币供给。

真正能够反映货币供给的应当是央行的资产负债表规模，而中国人民银行对于其资产负债表规模的政策目标是保持稳定。如果保持央行资产负债表稳定、不扩张，而期望信贷扩张，就像卡住了源头的水闸，却要下游的水位上涨，是一对矛盾的目标。

根据中国人民银行公布的货币当局资产负债表数据，与当季 GDP 增速对比后可以发现，2012 年以后的央行资产负债表规模增长速度往往落后于经济增速，这实际上说明货币供给不能满足经济增长的需要（见图 5-1），更不能满足快速扩张的资本和资产市场交易需要。推动央行资产负债表规模扩张，是真正实现支持性的货币政策立场的主要

---

① 张斌. 从制造到服务：结构转型期的宏观经济学 [M]. 北京：中信出版社，2021.

途径，只有这样，才能真正为经济持续回升向好，以及资本市场、房地产市场的稳定提供金融支持。

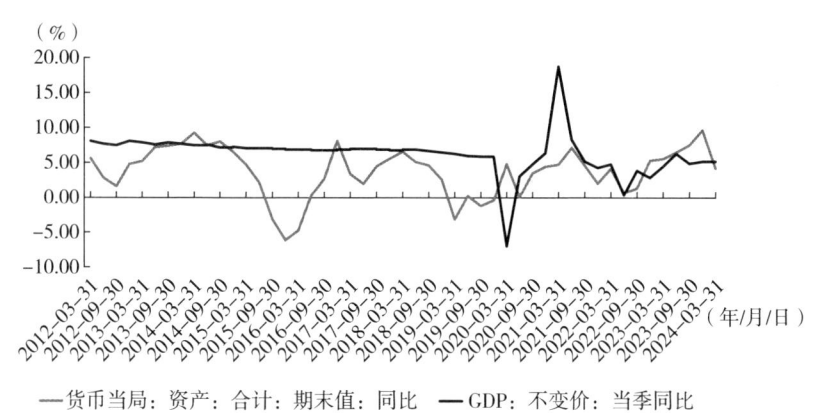

图 5-1 央行资产负债表规模变化与 GDP 增速变动对比

资料来源：同花顺 iFind 金融数据终端，万博新经济研究院。

2013 年以后，由黑田东彦担任行长的日本央行就是将货币政策的操作对象从无担保隔夜拆借利率改为基础货币，确定每年的基础货币增长数量，对于日本通胀率由负转正、经济增长、充分就业，以及资本市场和房地产市场的繁荣起到了明显效果。

货币政策新传导机制

虽然确立了适度宽松的货币政策，但考虑到无论是房地产、基本建设，还是企业投资的信贷需求，都已经同快速城镇化和快速工业化阶段不可同日而语，因此货币政策要实现适度宽松，还需要形成新的政策传导机制。此外，传统的货币政策传导机制下，降低存款准备金率所释放的流动性很容易通过金融机构流向重资产企业，或者流向具有国资隐性担保背景的投资项目；降息减少融资成本，更多是改变了投资项目的收益率，也是促投资的效果大于促消费。为了更好地促进消费繁荣，应当更加重视货币政策通过资本市场的财富效应，提升居民收入预期和消费信心的作用，还应当更加重视宽松货币政策对消费信贷的提升和促进作用，由此建立起货币政策促消费的新机制。

无论是2000年科技股泡沫破灭、2008年次贷危机演变为全球金融危机，还是2020年应对新冠疫情冲击，美国货币当局都通过力度足够的降息，以及购买债券为金融体系注入流动性等政策措施维持股票市场稳定，避免企业和居民的资产大幅缩水带来的投资收缩和消费收缩，避免美国陷入和日本类似的"资产负债表衰退"。

日本在2012年以后也将资本市场的稳定作为货币政策的重要目标。日本银行购买交易所交易基金是QQE的重要组成部分，2013年4月，新任央行行长黑田东彦将交易所交易基金购买规模提高至每年1万亿日元，此后，日本央行又多次调高交易所交易基金购买规模，达到每年6万亿日元。2013年以来，日经225指数持续上涨，到2024年11月下旬涨幅接近260%。持续上涨的股票市场逐渐影响了投资者的观念，资金开始从海外市场回到日本股市，日本个人持有的存款、股票等金融资产总值也创下历史新高，对推动消费繁荣起到了重要作用。同时，美国和日本所实施的低利率、零利率甚至负利率政策，也减轻了消费者的信贷负担。从2012年底到2018年第一季度末，日本的信用卡贷款余额增长了 70%。

2024 年 9 月下旬以来，中国人民银行、财政部、金融监管总局和证监会出台了一系列支持经济发展的政策，除了"为地方政府化债减轻财政负担"等政策带有较多应急纾困色彩外，降准、降息政策正式开启了宽松货币政策周期，创设货币政策工具支持股票市场、降低存量房贷利率等政策都瞄准了提升股票市场财富效应、减轻家庭信贷利息负担，尽管其方向是完全正确的，新的货币政策传导机制也正在形成，但规模和力度还有待进一步加大。

宽松货币政策还需思想观念再更新

当我们确立了货币政策应当首先确保经济增长不低于潜在经济增速、确保充分就业，其次应该是化解房地产风险、促进中国资本市场繁荣的新目标，那么实施适度宽松政策，就是题中应有之义，而大规模降息，更是宽松货币政策的主要内容。但在社会舆论和公众认知中，除了以"大水漫灌"来笼统地反对降息之外，还有一些错误或者过时的认知，阻碍降息政策的出台，限制了货币政策的空间。

一个影响货币政策的重要观念是认为降息会影响银行利差，进而影响银行系统的稳定，增加系统性金融风险。由于中国直接融资比重较高，银行体系的安全性自然非常重要，但确保银行体系安全，不等于要保证银行的利差收入和盈利。在几百年的全球经济史上，从来没有一个经济体会在经济衰退时为了保银行盈利而牺牲经济。事实上，当各行各业盈利下降时，商业银行的盈利下降甚至亏损都是正常现象，等经济复苏后，银行自然会盈利。

另一个似是而非的观念是认为降息会损害存款人的收益，不降息是为了"保护存款者的利息收入"。事实上，对类似于日本那样的老龄化富裕人口结构的社会，存款者的利息收入的确是其居民收入的重要组成部分。然而，当前中国月收入达1 000元的人口有6亿之多，他们收入的主要构成部分就是工资或劳务性收入，利息收入只占他们收入的很少一部分，降息对这些居民的收入影响很小，对那些拥有巨额存款的富裕人群而言，降息也不会影响他们的生活。

根据国家统计局公布的数据，2023年居民财产净收入占居民可支配收入的比重仅为8.6%，其中还包括利息净收入、红利收入、储蓄性保险净收益、转让承包土地经营权租金净收入、出租房屋净收入、出租其他资产净收入和自有住房折算净租金等项目，可见，利息收入占中国居民收入的比重多么小。

大量的中低收入和中等收入中国家庭不仅存款有限，而且背负着较为沉重的房贷负担。对于当前中国这样的收入结构，用"保护存款者的利息收入"这样的理由维持较高的利率，结果只是保护了富裕家庭的储蓄收入，而对普通家庭的收入保护作用有限，反而使中等收入群体的房贷等利息成本难以降低。

我们假设一个中国普通家庭的场景：某中等城市，夫妻俩带一个孩子，家庭年收入10万元，有房贷100万元，房贷利率3.95%，每月还房贷4 700元，有存款20万元，购买了收益率3%的理财产品，每年能获得6000元利息收益。如果降息1个百分点,那么每月还房贷4200元,全年节省6000元利息开支,理财收益下降到4000元,减少了2000元,整体来看这个家庭将会增加4000元的可支配收入。

还有种错误观念认为,在收入预期不乐观的情况下,大幅降息会出现"利息越低越存钱"的窘境。亚当·斯密在其著作《国富论》中提出了消费者针对降息的两种反应模式:一种是降息将降低储蓄收益,从而使人们放弃储蓄、增加消费;另一种是降息降低了人们对未来储蓄收益的预期,从而使那些计划储蓄养老的人感到还需要更多储蓄才能养老,于是反而减少消费、增加储蓄。

笔者研究发现,降息对消费者的影响主要取决于消费者的工资性收入和储蓄性收入占比。当家庭收入的50%以上依赖工资性收入时,人们对利率的反应符合亚当·斯密提到的上述第一种模式,即降息将导致消费者选择减少储蓄意愿。在各国经济发展的历史上,大部分情况下降息都能够造成储蓄减少、消费增加。

亚当·斯密提到的第二种反应模式,理论上可能出现在家庭支出的50%以上依赖储蓄收入时——在这样的家庭,降息将导致储蓄利息收入减少,并降低这些依赖储蓄生存的家庭的安全感,从而有可能使他们减少当期消费、增加储蓄,以确保原有的未来安全感。当前中国仍然是以中低收入者和中等收入群体为主体的社会,主要靠利息收入维持生活的家庭少之又少,因此中国人对利率的反应模式也符合亚当·斯密提到的上述第一种模式,即降息将导致家庭减少储蓄、增加消费,这对于扩大消费需求是有利的。

降低全社会融资成本，促进消费繁荣

2023年，央企平均负债率约为65%，[①] 上市公司（非金融行业）平均负债率约为58%；[②] 居民部门杠杆率为63.5%，而政府部门的杠杆率为55.9%。如果能够实质性降低贷款利率，将为中国企业、居民和政府节省大量的融资成本，使他们有更多的财力用于研发创新、扩大消费和改善民生。

考虑到当前中国非金融企业贷款余额超过150万亿元，贷款利率如果能够降低1个百分点，就将为企业节省至少1.5万亿元的融资成本，或增加1.5万亿元以上的利润，相当于全国规模以上工业企业利润总额增长20%左右。

每降息1个百分点，相当于平均每家补贴1600元。根据中国人民银行公布的《2023年金融机构贷款投向统计报告》，当年本外币住户贷款余额80.1万亿元。如果利率能够平均降低1个百分点，将为居民减少约8000亿元的利息支出，相当于为全国4.94亿户家庭每家发放1600元的消费补贴。

每降息1个百分点，节约的政府债务利息可以建造14艘航空母舰。根据财政部公布的数据，2023年末内债余额29.7万亿元，地方政府债务余额40.7万亿元，合计约为70.4万亿元。利率如果能降低1

---

① 国资委.截至2023年底，中央企业整体资产负债率稳定在65%以内[N].北京商报，2024-01-24.
② 中国上市公司协会，《中国上市公司2023年经营业绩报告》，2024年5月17日。

个百分点，每年将为政府财政节省约 7 000 亿元的利息开支，可以建造 14 艘航空母舰，完成 140 次嫦娥六号登月任务。

2020 年，面对新冠疫情的冲击，美国在实施消费补贴的同时，大幅降息至零利率附近，有效保护了美国居民的消费能力。2020 年 1 月到 2024 年 8 月，美国每月零售和食品服务销售额从 4 803 亿美元增长到 7 366 亿美元，增幅达到 53.4%，消费需求扩张明显。

目前，中国人民银行已经开始采取降息措施，但力度仍然有待提高，而且要考虑到中国生产环节的通缩严重，PPI 已经超过连续 20 个月在负数区间运行，在实施消费补贴的同时，一定要伴随大幅降息操作，才能有效扩大消费需求。

总之，面对总需求不足的严峻挑战，中国货币政策正在从"过去式"观念束缚中解放出来，以更低的融资成本和更加宽松的流动性供给为企业转型创新、居民扩大消费和政府改善民生提供更加有力的支持。

第六章
深化改革：提高居民收入促消费

消费是收入的函数，只有居民收入不断增长，消费繁荣才会有坚实的基础。当前，一系列深层次问题导致中国居民可支配收入的 GDP 占比偏低，是形成消费抑制的重要原因。然而，关于增加中国居民收入以促进消费的讨论，绝不能被引入"收入增长需要就业增长，而就业增长又需要企业盈利增长，企业盈利增长又需要市场和消费繁荣，消费繁荣需要收入增长"这个"先有鸡还是先有蛋"的循环。只有积极借助发放消费券、股市财富效应等外部力量打破这个循环，才能启动收入与消费增长互相促进的正循环进程。同时，必须深入推进收入分配改革，提高社保覆盖率，才能确保居民收入与消费增长互相促进的良性循环。

第一节
居民可支配收入占比偏低

在工业化、城镇化、全球化的过程中,中国劳动者创造了海量的财富,但中国居民收入占比持续偏低,与中国经济创造的巨大财富是不匹配的。对于普通居民而言,看看自己的收入,想想未来,再想想住房、医疗、教育、养老等大项开支,扩大消费并非易事。

中国居民可支配收入占比持续偏低

2023 年,中国人均可支配收入(39 218 元)仅相当于当年中国人均 GDP(89 358 元)的 43.89%,而美国个人可支配收入占 GDP 的比重达到 82.18%(2021 年)。即使考虑到中美两国的统计方法、统计口径有一定差异，也能够看出中国居民可支配收入占 GDP 的比重处于较低水平。

根据国家统计局的定义，居民可支配收入是指居民可用于最终消费支出和储蓄的总和，即居民可用于自由支配的收入。按照收入的来源，可支配收入包括工资性收入、经营净收入、财产净收入和转移净收入。从另一个角度来看，可支配收入是家庭总收入扣除缴纳的个人所得税、个人缴纳的社会保障支出以及调查户的记账补贴[①]后的收入。计算公式为：

$$可支配收入 = 家庭总收入 - 缴纳的个人所得税 - 个人缴纳的社会保障支出 - 记账补贴$$

计算 1978 年以来的中国居民可支配收入占 GDP 的比重，可以看出在 20 世纪 80 年代初曾一度达到 63.00% 左右的高点，此后便逐渐下行，2011 年下滑至 40.23% 的低点，其后有所反弹，近年在 43.00%~44.00% 的区间内波动（见图 6-1）。

根据美国经济分析局的数据计算，2000 年美国个人可支配收入占 GDP 的比重就达到 72.23%，之后基本呈现逐步上升的格局，2020 年达到 85.53%，2021 年为 82.18%。

---

① 居民可支配收入是通过在全国范围内抽选部分家庭作为国家住户调查样本调查统计得到的，被抽中为大样本调查户的家庭，将在村（社）调查员的指导下，通过手机电子记账或用纸质账本记账的方式，记录每天的收支流水账，每月还会得到一定的记账补贴。

考虑到中国的居民可支配收入是调查统计结果，实际上可能少统计富人收入，导致居民可支配收入整体被低估，据推测，实际占比可能在50%左右，即使是50%的居民可支配收入占比，在全世界也几乎是最低的。有学者根据经济合作与发展组织数据库编制的67个国家和地区的国民收入账户信息，与中国国民账户体系数据做比较研究，计算出中国居民收入占比为62%，而美国居民收入占比高达81%，大部分发达国家的占比也多在65%以上，中国居民收入占比仍明显偏低。[①]

图 6-1　中国居民可支配收入占 GDP 的比重

资料来源：同花顺 iFind 终端，万博新经济研究院。

再看收入法计算的 GDP 中劳动者报酬占比的变化（1992—2022年）可以发现，1992 年劳动者报酬占比约为 60%，到 2011 年下滑至 47%，此后略有回升，但最高时也没有超过 52%。

[①] 李实，陈基平.中国国民收入分配格局的长期变动趋势[J].社会科学战线，2023，（09）：50-62.

有学者研究了初次分配和二次分配中的居民收入份额变化，结果表明，1992—2008 年，初次分配中，中国居民收入份额从 65.4% 下滑到 58.7%，2009—2020 年，居民收入份额从 58.7% 回升至 62.0%；二次分配中，居民收入份额也经历了类似的变化，1992—2008 年，居民可支配收入份额大幅下降，2008 年以后，居民可支配收入份额有所回升。[1]

尽管几种测算方法得出的比重数据有所差异，但从整体来看，中国居民收入份额偏低，而且在很长时间内处于下降趋势，这是客观事实。

"中国经济奇迹"没有完全反映在居民收入增速上

1978 年，中国 GDP 排名全球第 9 位，人均 GDP 排名第 134 位；2023 年，中国 GDP 排名全球第 2 位，人均 GDP 排名上升到第 74 位，已经进入中等收入国家行列。

但是中国居民人均可支配收入的增长，却落后于 GDP 的增速。2022 年，国家统计局原局长、国家发展改革委副主任宁吉喆在一篇文章中指出，1979—2021 年，我国 GDP 年均增长 9.2%，居民人均可支配收入年均增长 8.2%，[2] 整整低了 1 个百分点；我们将测算延续到 2023 年，GDP 年均增长 13.9%，居民人均可支配收入年均增长

---

[1] 李实，陈基平. 中国国民收入分配格局的长期变动趋势[J]. 社会科学战线，2023，(09)：50-62.
[2] 党的二十大报告辅导读本[M]. 北京：人民出版社，2022.

12.6%，差距扩大到 1.3 个百分点。

中国居民可支配收入增速长期低于 GDP 增速，40 多年累计起来的效果，就是美国的个人可支配收入能占到 GDP 的 80% 以上，欧洲等大部分发达国家的占比也多在 65% 以上，而中国的居民可支配收入只能占到 GDP 的 50% 左右。

如果再加上收入分配差距等因素，就会存在 6 亿月收入为千元的低收入群体。对于这个庞大的低收入群体来说，问他们"为什么不扩大消费"，简直就是与"何不食肉糜"一样的问题。

为什么中国人创造了海量财富，却不敢消费、不愿消费、不能消费？从根本上来看是"中国经济奇迹"没有完全反映在居民收入增速上，居民部门得到的份额太少，消费能力当然受到限制，提振消费、扩大内需，关键要提高居民可支配收入。

第二节
居民收入占比偏低的深层次原因

造成中国居民可支配收入偏低的原因是多方面的，既有特定阶段高积累率的历史原因，也有体制性、结构性、要素定价扭曲、转移性支付不足等复杂原因。总体来看，中国宏观税负水平长期过高，支出方向以投资为主，而国有资本收益尚未完全纳入财政预算，使公共部门和国有企业的收入份额上升，自然导致居民收入份额下降。如何将这些收入用来改善民生？对于这一问题，还有很大的改进空间。

公共部门支配收入增速远远高于 GDP

如果以"政府"而非"财政"为计算范围对公共收支进行测算，

2021年，全部政府收入占GDP的比重为32.98%（2019年为34.35%），较之按全国一般公共预算收入计算的宏观税负水平，提高了15.27个百分点；而全部政府支出占GDP的比重为39.39%（2019年为41.12%），较之按全国一般公共预算支出计算的宏观税负水平，提高了17.85个百分点。①2022年，包括全国税收收入、非税收入、政府性基金预算收入、国有资本经营总收入（决算数）、社会保险基金收入的广义财政收入，为41.64万亿元，相当于当年GDP（120.47万亿元）的34.6%，较2021年又有上升。

而政府支出的增速远远超过GDP的增速，与居民可支配收入增速长期低于GDP增速形成鲜明对比，对国民收入分配格局的扭曲效应不可忽视。有学者计算，2004—2021年，全国一般公共预算支出规模增加了7.65倍，其占GDP的比重从16.51%上升至21.54%，上升了5.03个百分点；全国全部政府支出规模增加了8.34倍，其占GDP的比重从30.16%上升至39.39%（2019年曾为41.12%），上升了9.23个百分点，"两个口径的支出双双跑赢GDP，致使GDP分配越来越向政府一方倾斜，绝对是个不争的事实"。②

公共部门占过高的收入和支出分配份额，自然降低了企业和居民的收入和支出占比。

---

① 高培勇. 我国宏观税负水平的理论分析——基于"政府履职必要成本"[J]. 税务研究，2023，（02）：5-16.
② 同上。

全民企业的利润如何惠及民生

在政府、企业和居民三部门的收入分配格局中，企业部门的收入如果能够以分红等方式转化为居民收入，也会最终提高居民收入占比。因此，我国的国有企业收入如何更多惠民生，也是影响居民收入的重要原因。

成熟市场经济国家的国有企业资产占比一般都不超过10%，例如法国国有企业总营业额占GDP的比重稳定在10%左右，英国国有企业的产值占GDP的比重基本稳定在0.5%左右，日本国有企业净资产占比约为9%，固定资产占比约为11%，[1] 而中国国有企业资产已占全国企业资产总额的56%，[2] 国有及国有控股企业营业总收入相当于GDP的68%。2023年，国有及国有控股企业利润总额为4.63万亿元，2009—2023年实现了8.63%的平均增速，2012—2023年国有资本经营收入的平均增速为14.7%，国有企业利润和国有资本经营收入的增长速度均高于居民可支配收入的增长速度。

1983年以后，国有企业普遍实施利改税，这一改革举措在调动了国有企业干部职工积极性的同时，把利润在很大程度上留给了国企，成为企业的内部资源。2007年以后，中央财政开始编制国有资本经营预算，对国有企业的经营收益进行再分配，体现了国有资本由全体人

---

[1] 张旭，胡乐明，郭迎锋，等. 国外国有经济的发展历程及六大特点[J]. 国资报告，2022，(12)：45-48.
[2] 陈永杰. 国有企业资产占全国企业总资产的56%——基于第四次经济普查年鉴数据[N]. 经济观察报，2021-11-05.

民所有，国有资本经营收益全民受益的原则，但是最终用于改善民生的部分仍然有限。

以中央企业为例，其利润形成了"四等分"的分配格局：一是25%依法上缴所得税；二是25%归属少数股东，这是中央企业股权多元化改革形成的结果；三是25%依据《中华人民共和国公司法》提取的法定公积金、任意公积金等留存收益，用于弥补过去年度的亏损和资本积累；四是25%母公司可支配利润，即通过上市公司分红和全资子公司上缴利润。其中，母公司的利润留存主要用于积累与再投入、补充国有资本金、并购重组、增强竞争力、解决历史遗留问题，最后才是向国家分配红利。

国有企业红利的主要用途，也是为国有企业注入资本金、解决历史遗留问题以及改革成本支出，最后才是国有资本经营预算补充社保基金支出。在国有资本经营预算返用于国有企业资金中，深化国有经济布局结构调整、促进转型升级、解决社会包袱和历史包袱、支持国有企业的科技创新等任务排在了前面，最后才是支持中央企业带头承担社会责任和义务。[1]整体来看，国有企业拥有庞大的资产规模，但是企业受益用于改善居民收入的比例仍然过低。

更值得重视的是，这些国有企业的收入和利润很大部分与垄断有关。有学者将垄断程度和国有化程度两个指标进行加权平均后分析发现，工业中石油天然气开采、烟草制品、电力热力生产供应、石油加

---

[1] 王绛，王爱君.国企利润分配要兼顾三方利益[N].经济参考报，2019-09-16.

工、炼焦及核燃料加工、水的生产与供应、煤炭开采和洗选、燃气生产和供应等行业属于国有垄断行业。这些企业的行为表现出两个特点：一是劳动贡献率普遍不高，但劳动者收入水平普遍较高；二是资本要素贡献率普遍较高，但股利支付率普遍较低。[1] 以上分析仅是第二产业的国有垄断行业，在金融、通信等服务部门，国有垄断问题同样存在。

垄断地位强化了其在国民收入分配中的优势地位，垄断收益并没能转化为居民收入，而是以利润留存的形式滞留在垄断企业中，主要用于行业内的投资建设，加重了企业部门对收入分配的扭曲。数据显示，1992—2008年，国民收入初次分配中企业份额的比重从19.1%上升到26.6%。2020年，国民收入初次分配中企业份额为26.9%，在整体保持平稳的情况下，金融企业份额从2008年的3%上升到4.4%。[2] 2013年，中央企业上缴利润中用于全民福利的部分仅占6%。[3]

金融、土地等的超额稀缺性收入过高

稀缺要素应当在收入分配中获得更多的份额，但如果某些掌握金融、土地等要素的部门人为制造了不必要的要素稀缺，就会形成超额

---

[1] 杨兰品，陈锡金，唐留昌.国有垄断行业要素收入分配的结构性偏差——基于工业部门不同类型行业的比较研究[J].经济评论，2015，（02）：101-114.
[2] 李实，陈基平.中国国民收入分配格局的长期变动趋势[J].社会科学战线，2023，（09）：50-62.
[3] 杨兰品，陈锡金，唐留昌.国有垄断行业要素收入分配的结构性偏差——基于工业部门不同类型行业的比较研究[J].经济评论，2015，（02）：101-114.

要素稀缺收入，其本质是对其他要素收入，尤其是对劳动者报酬的挤占，也是造成居民收入占比偏低的原因。

资本要素的超额报酬过高是挤占居民收入过低的重要原因。中国的资金要素主要掌握在以国有银行为主的银行类金融机构手中，间接融资占比达到 70% 左右。[①] 银行类金融机构对于企业融资成本的话语权非常强，可以通过高利差的形式获得资金超额要素报酬，对其他要素收入形成的挤占作用不可忽视。

从体量看，2023 年中国银行业金融机构总资产达到 417.3 万亿元，相当于当年 GDP 的 322%，而 2022 年美国商业银行业资产总额为 22.9 万亿美元，仅相当于 GDP 的 90%。成熟市场经济国家金融业增加值占 GDP 的比重的平均水平不过 5.1%，[②] 2020—2023 年，中国金融业增加值占 GDP 的比重的均值已经达到 7.86%，明显超过了金融业更为发达的成熟市场经济国家的水平，因此中国银行业的利差变化对于整体经济的影响更大。从收入结构看，中国银行业金融机构利差收入占比达到 76%，显著高于其他国家。从上市公司数据来看，几十家银行类上市公司的盈利，往往占到数千家 A 股上市公司利润的 40%~50%。

由于金融业仍然是以国有股份和集体股份为主，股东分红的机制不够健全，导致金融行业获得的高收入份额以利润留存的形式沉淀在金融机构内部，扩大了收入分配的不公平性。例如，上市金融机构的

[①] 财政部党组理论学习中心组. 坚持深化金融供给侧结构性改革——学习《习近平关于金融工作论述摘编》[N]. 人民日报，2024-04-23.
[②] 钟鄢鄢，《中国的金融服务"太贵"、银行业利润和薪酬畸高吗？》，"中国银行业杂志"公众号，2021 年 1 月 19 日.

国有和集体股权占比超过90%，但直到2016年部分金融企业才被纳入国有资本经营预算实施范围，在此之前金融行业的巨额利润，在很大程度上并没有转化成居民收入。[1]

在城镇化过程中，土地原本就是相对稀缺的要素，很容易获得稀缺性报酬；而在中国，土地成本[2]通常占房地产总成本的30%~50%。2011—2023年，全国成交土地出让金收入累计达到64.85万亿元，其中2020年全国土地出让金收入达到8.14万亿元的历史最高点，相当于当年GDP的8.02%。房地产行业的总利润没有确切的数据，从新房销售金额等数据推测，1999—2022年，房地产行业总利润约为16万亿元。

根据《中华人民共和国城市房地产管理法》的规定，土地使用权出让金应当全部上缴财政，列入预算，用于城市基础设施建设和土地开发，这基本上都是地方政府扩大投资的资金来源，用于增加居民收入的资金很少，这也是挤占居民收入的原因之一。

中国居民获得的转移性收入不足

丹麦、挪威、瑞典、芬兰等北欧国家，税负之高闻名全球，但这些国家的居民所享受的福利保障也令人羡慕。因此，政府获得的收入份额高是一方面，这些收入被用在哪个方面也是一个重要问题。如果能够真正将政府获得的收入用于提升居民收入、改善社会保障、促进

---

[1] 林光彬，冯帅．中国金融行业与其他行业收入分配差距研究[J]．人文杂志，2023，(11)：72-82．
[2] 土地成本包括土地出让金、土地增值税、土地使用权出让合同约定的附加费用等。

消费繁荣，那么将对缓解消费抑制、解决总需求不足之困、畅通国内循环起到明显作用。

从整个社会的角度来看，中国财政支出中民生支出的占比远低于发达国家，甚至低于转型国家，说明中国居民获得的转移性收入严重不足。例如，1998—2010年，政府公共医疗、卫生、公共教育和社会保障三项支出占GDP的比重平均值，发达国家中加拿大为18.72%，法国为35.82%，德国为33.48%，日本为23.07%，荷兰为27.46%，英国为27.45%，美国为19.61%；转型国家中捷克为23.19%，匈牙利为26.94%，波兰为27.09%，斯洛伐克为22.06%，而中国仅有5.33%。[①]

党的十八大以来，中央和地方财政民生支出逐年增加，对社保、教育、医疗卫生、保障性住房等领域的投入力度不断加大，转移支付对提升居民收入、修复消费能力的作用越来越重要。

值得注意的是，新冠疫情发生后，美国及时启动大规模的消费补贴政策。2022年，政府转移支付占全国个人总收入的17.6%，几乎每6美元个人收入中就有1美元来自转移支付，得益于此，美国居民资产负债表并没有受到太大冲击。[②] 如此大规模的对居民转移支付，是宏观决策历史上前所未有的操作，对包括我国在内的各国提高对居民的转移支付政策具有很强的借鉴意义。

[①] 李银秀. 我国民生类政府财政支出的国际比较 [J]. 湖北经济学院学报，2013，11（06）：76-81.
[②] 中信建投期货研究报告，《美国经济软着陆叙事与居民转移收入的联系》，"CFC 商品策略研究"公众号，2024年2月13日。

第三节
从收入端促消费是根本解决之道

大多数发达国家，都是在工业化推动居民收入高速增长的阶段，就将消费占比推升到总需求的主导地位。要实现中国消费的长期繁荣，必须加快中国居民收入增长，这是促进消费繁荣的根本解决之道。

而谈到居民收入增长促消费，就有人提出发钱或发放消费券不可持续，只有就业收入才可持续，结果陷入先有就业增长还是先有收入和消费增长的循环。在消费不足已经成为需求疲软、就业减少的原因的前提下，用就业这样的长期措施否定发钱或发放消费券这样的短期有效举措，是似是而非的，因为这会造成在增加居民收入促消费方面无所作为。只有引入外来的力量打破这个循环论争，才能实现居民收入的修复性增长，真正推动消费繁荣。

消费是收入的函数，收入增长是消费繁荣的根基

众所周知，消费是收入的函数，可以表示为：

$$C=a+bY$$

其中，C 表示消费支出；Y 表示可支配收入；a 表示自发消费，也就是基本消费需求；b 表示边际消费倾向。

也就是说，收入越高，消费越高，边际消费倾向越高，消费也就越高。

在供给结构不变的市场中，消费需求受到价格、收入等因素变化的影响，表示为：

$$D=f(P, I, R\cdots)$$

其中，D 代表消费需求，P 代表价格，I 代表收入，R 代表利率。

价格变动影响了收入的实际增长水平，利率通过影响储蓄，间接影响了消费倾向——提升利率可以降低消费倾向，降低利率可以提升消费倾向。利率是短期的外部变量，而收入才是决定消费需求的长期内生变量。

短期我们可以通过降息来提升居民消费倾向促消费，但长期来看，只有居民可支配收入实现持续增长，才是推动消费繁荣的根本保障。凯恩斯也说过："对于消费倾向，国家要部分通过赋税制度、部

分通过利息率的涨落和部分通过其他手段来施加引导的作用。"[①]凯恩斯的意思是，利息率的涨落可以影响消费倾向，赋税制度和其他手段则指向居民收入的变化。

10年实现居民可支配收入倍增的可行性

中国要实现消费繁荣，化解总需求不足之困，必须实现居民可支配收入的修复性增长，并做好长期可持续增长的制度性安排。为了实现居民收入的修复性增长，我们测算后认为，10年实现居民可支配收入倍增是可行的。

如果10年后中国居民人均可支配收入增长到7.84万元，按照0.75的居民平均消费倾向，居民消费需求将达到80万亿元，相当于11.3万亿美元（按照1美元兑换7.1元人民币计算）；2023年美国零售总额为7万亿美元，按照4%的增长率，10年后美国的零售总额为10.4万亿美元，中国将成为全球第一大消费市场。

这就需要在中国经济增速保持5%的前提下，居民可支配收入增速高于GDP收入2.2个百分点，达到7.2%的增速，10年让中国居民可支配收入翻一番。从中国财政收入增速长期高于GDP增速的情况来看，如果采取适当的政策引导，这个增速是可以实现的。

[①] 凯恩斯.就业、利息和货币通论[M].北京：商务印书馆，2005.

如果按照 7% 左右的居民可支配收入增速，10 年后中国居民可支配收入占 GDP 的比重将比当前提高 5~10 个百分点，虽然仍低于美国目前的水平，但基本上达到欧洲国家 60%~65% 的水平。

如何增加工资和劳务性收入

工资性收入是居民可支配收入的主要部分，近年来工资性收入占中国居民可支配收入的比例为 55%~57%。要实现居民收入持续增长，工资和劳务性收入的增长是必须的。

从宏观角度来看，国民收入中工资性收入的增长，需要就业人数增长和工资水平上升两个条件，而这两个条件，又需要总需求扩张带来的经济复苏和繁荣，这就构成"先有鸡还是先有蛋"的循环问题：为了解决总需求不足，需要增加工资性收入，而为了增加工资性收入，又需要总需求扩张带来的就业增长。

因此，在总需求不足已经出现的条件下，过度强调增加工资性收入来促消费，实际上是很难实现的，这也是 2020 年以来，很多单纯以"保就业""保市场主体"为主要指向的建议和政策难以取得实效的原因——在总需求不足的大环境中，保市场主体实际上是保供给，而非扩张总需求，结果是市场主体不盈利，最终也保不住。

只有借助外来的力量，先打破总需求不足这个大前提条件，才能谈得上增加就业、提升工资，带动消费繁荣。

发放消费券对开启良性经济循环的作用

有这样一个故事,深刻地说明了"借助外来的力量,打破'先有鸡还是先有蛋'循环"的过程和意义。

在一个萧条的小镇上,大家都没钱,旅馆没有人住,屠夫的猪肉没有人买,理发馆没有人理发,裁缝的衣服卖不出去……一个旅人拿100块钱去旅馆住宿,旅馆店主把赚来的100块钱给了屠夫买猪肉,屠夫把赚来的100块钱用来理发,理发师又用100块钱买了衣服……于是,萧条的小镇复活了。这就是在特定条件下,一次性收入对经济循环的作用。

用发钱或发放消费券这样的一次性收入增长来刺激经济的本质,就是打破原来的恶性循环,让经济循环的飞轮先转起来。2020年,新冠疫情来袭时的经济就像这个萧条的小镇,这时如果政府通过消费补贴的方式来扮演这个"旅人"的角色,就可以为经济注入急需的购买力,恢复经济循环。当时,美国、欧洲、日本、澳大利亚、加拿大、新加坡等就是这样做的,结果很成功。

有人认为,中国目前已经度过了疫情的冲击,无须再用这种"激烈"的方式增加居民收入和扩大消费需求。但我们已经在前文论述过,中国居民可支配收入增速长期低于GDP增速,形成了收入占比偏低的缺口,这是中国消费需求不足的长期根源,加上疫情发生后我们主要的政策资源用于扩大供给,没有对居民收入和消费能力进行补贴和保护,导致居民收入和财富消耗很大,与近年来楼市、股市低迷带来的财富损失相叠加，中国居民的收入和资产负债表已经严重受损，亟待修复。

同时必须看到，疫情发生后一度支撑中国总需求的出口面临着越来越大的不确定性。特朗普就任美国总统后，美国继续提高中国商品的关税在所难免，欧洲国家也可能由于外部压力和保护本国内部产业的需要对中国商品加高壁垒，一旦出口增速回落，总需求不足将进一步加剧。因此，通过发钱或发放消费券来尽快修复家庭资产负债表，实现居民收入的修复性增长，尽快扩大国内消费需求，是迫在眉睫的任务。

推动资本市场健康发展，增加居民财产性收入

2023年，中国居民的财产性收入在可支配收入中的占比为8.6%，而同期美国个人收入中财产性收入的占比超过20%，相比之下中国居民的财产性收入仍有很大的增长空间，推动资本市场健康发展是增加居民财产性收入的重要举措。

目前，中国约有2亿股票投资者和更多的证券基金投资者，背后对应的中等收入群体超过4亿人，持有的股票和基金市值超过40万亿元。如果其持有的股票市值和基金净值出现25%的增长，就将带来超过10万亿元的财富增加，进而带来巨大的消费需求增长，并且会促进市场化的企业投资需求扩张，更好地发挥消费的基础作用和投资的关键作用。

美国、日本和印度等国家的资本市场过去10多年在增加居民财产性收入方面已成为经典案例。从全球金融危机后的表现来看，从2009年3月的6 626点到2024年8月的41 622点，美国道琼斯工业指数上涨了528%，同期印度孟买敏感30指数上涨了754%。从2013年初到2024年8月，日经225指数上涨了240%。

2012年初，上证综指处在2 100点左右，到2024年8月，上证综指仍然在2 800点左右徘徊，12年涨幅不到40%，不仅与美国、日本、印度等国家资本市场的表现相去甚远，也与这些年中国经济增长的成果不相称。

一个国家股票市场总市值与GDP的比值，被称为"巴菲特指标"，可以衡量这个国家资本市场的发育程度。当前，美国的巴菲特指标超过200%，[①]2023年底中国的巴菲特指标仅为61%。如果中国的巴菲特指标能翻一番，超过中国2024年GDP的130%，将为中国居民增加84.7万亿元的财富，相当于2023年社会消费品零售总额的180%，将形成巨大的财富效应，推动居民消费能力大幅提升。

由于超过70%的中国居民财富是以房产的形式存在的，近年来楼市价格的下跌也造成了严重的负财富效应，对居民的财富存量和现金流影响很大。因此，尽快实现楼市企稳，也是保护居民资产负债表的重要措施。

---

① Current Market Valuation, "The Buffett Indicator", 2024.

降低个人税负，增加居民收入

2016年以来，中国出台了一系列减税降费措施，但从企业和居民的微观感受来看，获得感似乎并不明显。此外，五险一金的实际负担加重，也影响了劳动者可支配收入的增长。

从官方披露的数据来看，2019—2023年，全年基本养老保险、失业保险、工伤保险三项社会保险基金收入从5.91万亿元增长到7.97万亿元，参保人数从9.68亿人增加到10.66亿人（按养老保险计算），人均贡献收入从6 105元增加到7 484元，增幅为22.6%。其中2020年为了应对新冠疫情，企业社会保险费得到阶段性减免，三项社保基金收入较2019年下降了14.3%，但2021年就增长了35.2%，较疫情前的2019年还增长了15%，2023年较2019年增长了34.8%。

因此，在经济增速不断下滑的情况下，不能再继续通过较高的五险一金来把本应发给职工的当期收入变成未来收入，而是应该让企业将更多财力用于增加员工的当期收入。

为了提高居民可支配收入，下一步应当把降低税负的重点放在个人所得税上，个人所得税仅占财政收入的8.2%，降税对财政收入的总体影响有限，但对居民收入增长影响明显，对推动消费的作用较大。降低个人所得税税负，不仅起征点需要进一步提高，还需要降低个人所得税的税率。目前中国个人所得税税率最高为45%，显著高于美国、新加坡等国家，具备全面降低个税的空间。

第四节
深化收入改革促消费

收入分配改革是多年来经济体制改革的"硬骨头",国家也出台了一系列政策,增加低收入者收入,扩大中等收入群体,然而,中国居民可支配收入占 GDP 的比重依然严重偏低。未来我们应该确定中国居民可支配收入占 GDP 的比重逐步达到全球平均水平。

国企收入应当更多用于改善民生

尽管中国已经建立了国有资本经营预算,国家以所有者身份依法取得国有资本收益,并对所得收益进行分配的制度正在逐步完善,但是国有企业收入纳入预算的比例仍然不高。根据财政部的数据,2023

年国有企业利润总额为4.63万亿元，①全国国有资本经营预算收入为6 744亿元，只占利润总额的14.6%，用于改善民生的部分就更低了。

2024年初，国务院发布《关于进一步完善国有资本经营预算制度的意见》，提出"有序扩大国有资本经营预算实施范围，逐步实现国有企业应纳尽纳"，但仍将国有资本经营预算的主要用途规定为"主要用于促进国有企业高质量发展，夯实共同富裕的物质基础"，"按规定安排部分资金调入一般公共预算，统筹用于保障和改善民生"。

当前，国有独资企业应交利润收取比例是2014年确定的，一共分为五档，第一类企业为25%，第二类企业为20%，第三类企业为15%，第四类企业为10%，第五类企业免交当年应交利润。②

然而，从上市民营企业的分红比例来看，25%的利润收取比例似乎偏低。2023年，沪市主板民营上市公司现金分红总额达1 603亿元，同比增长8.86%，其中近八成盈利公司分红比例超过30%。

因此，我们认为，在逐步实现国有企业应纳尽纳的同时，也要考虑提升国有企业应交利润收取比例，例如平均提升10个百分点，同时要研究将保障和改善民生也作为国有资本经营预算收入的主要用途之一，相应提升民生支出的份额。

同时，还应当考虑提升国有股权划转充实社保基金的比例。2022年，中央企业资产总额为109.4万亿元，地方国有企业资产总额为230.1

---

① 财政部，《2023年国有企业利润总额46332.8亿元 同比增长7.4%》，央视新闻客户端，2024年1月29日。
② 算好国有资本经营预算这本账[N]. 人民日报，2024-02-28.

万亿元，中央金融企业资产总额为 261.6 万亿元，地方国有金融企业资产总额为 139.3 万亿元。

2023 年末，中央企业资产总额达到 116.5 万亿元，地方国有企业资产总额为 255.4 万亿元，中央金融企业资产总额为 289.6 万亿元，地方国有金融企业资产总额为 155.5 万亿元。秉持"利为民所谋"的原则，这些资产应当更大程度地用于提升全民的福祉，因此，建议在 2017 年《划转部分国有资本充实社保基金实施方案》的基础上，将国有资本划转比例提升至 20%，长期来看，还可以把比例提升到 30%，甚至可以把部分企业的国有股权全部划入社保基金，有效提升全民社保覆盖范围和报销比例，解除居民消费的后顾之忧。

据媒体报道，截至 2020 年末，符合条件的中央企业和中央金融机构划转工作全面完成，共划转 93 家中央企业和中央金融机构国有资本总额 1.68 万亿元。截至 2024 年 3 月，全国划转工作已基本完成（地方国资划转金额未披露）。粗略估计，如果将国有资本划转比例提升至 20% 或 30%，还可为社保基金增加 1.7 万亿元或 3.5 万亿元的资产规模，相当于 2023 年全国社保基金总规模的 57% 或 117%，这一部分国资分红如果按照全国社保基金截至 2023 年的年均投资收益率 7.36% 计算，每年将为全国社保基金带来 1 260 亿元或 2 590 亿元的现金收入。

多渠道为低收入群体增收

当前，中国中低收入群体仍然占大多数，估计不少于 9 亿人，主要人群生活在农村，如何增加他们的收入是扩大消费的重要课题。

收入补贴、消费补贴和提升社保水平，应当以中低收入群体为重点。中低收入群体最需要收入补贴和消费补贴，他们的边际消费倾向最高，将补贴发给他们，发挥的效能也最大。同时，提升社保覆盖面和覆盖深度应当以中低收入群体为重点。当前农村居民医疗保险由于保费从最初的10元逐年增加到400元左右，已经出现断缴现象，降低了居民的获得感和遭遇重大疾病时的保障水平。同时，农村养老金多则200多元，少则100多元，与城镇职工养老金存在明显差距，因此，通过提升财政对低收入群体医保和养老金的补贴，增加他们的转移收入，是为低收入群体增收的重要途径。

提高中低收入群体的工资性收入也很重要。《关于构建更加完善的要素市场化配置体制机制的意见》提出，"着重保护劳动所得，增加劳动者特别是一线劳动者劳动报酬，提高劳动报酬在初次分配中的比重"，各地根据当地经济发展的实际情况，多渠道推动中低收入群体的收入增长。

为中小微企业和个体经营者创造良好的经营环境，可以促进增加个体经营性收入。2023年，中国有1.24亿户个体工商户，支撑近3亿人就业，是中低收入群体就业和收入的主要来源。在地方财政收入减少的情况下，个体工商户面临的营商环境可能变差，因此，切实为中小微企业和个体经营者创造良好的经营环境，可增加其经营性收入和工资性收入。

还可以推动农村土地流转，为中低收入群体增加财产性收入。

2021年，全国农村集体产权制度改革完成阶段性任务，确定全国共有96.6万个农村集体经济组织，占有了65.5亿亩集体土地资源、8.22万亿元集体账面资产。农村集体经济组织成员约有9.2亿人，占全国总人口的65%以上。粗略估计，农村空置宅基地超过1亿亩，涉及上亿户农村家庭。如果将这些宅基地通过长租、使用权转让等方式流转起来，上亿户农村家庭将获得稳定的租金收入，对提升消费需求将产生明显作用。建议加快农村宅基地和集体建设用地流转制度改革，增加农民财产性收入。

推进要素自由流动，消除要素超额稀缺性报酬

在工业化、城镇化过程中，土地部门、房地产行业和金融部门之所以能够获得大量的"超额稀缺性报酬"，原因就在于要素配置的市场化不足，存在一些体制性、机制性原因，人为制造了资金、土地等要素的稀缺状态。

消除超额稀缺性报酬，关键在于加快要素市场化改革。2020年4月，中共中央、国务院公布了《关于构建更加完善的要素市场化配置体制机制的意见》；2021年12月，国务院办公厅印发了《要素市场化配置综合改革试点总体方案》，对推进要素市场化改革做出了部署。《关于构建更加完善的要素市场化配置体制机制的意见》提出，要"健全生产要素由市场评价贡献、按贡献决定报酬的机制"。

中国经济体制改革研究会会长彭森曾在一次会议中指出，当前

"在要素市场领域，我国市场经济仍然存在束缚市场主体活力、阻碍市场和价值规律充分发挥作用的弊端，市场发育仍不充分、市场决定要素配置范围有限、要素流动存在体制机制障碍等问题仍较突出"。[1]

要素市场化改革的关键有两点：一是明确要素的权属；二是尊重要素所有者的交易自由，尽量减少不必要的法律限制和行政干预。当前很多要素市场化改革的政策都在强调有序流动，但对自由流动的关注有所不足。如果要素流动受到种种过时观念、严苛规则的限制，自由流动尚不能实现，表面看起来"有序"，但实际上没有交易的机会，处于僵化、停滞的状态，"生产要素由市场评价贡献"就无法实现。因此，加快要素市场化改革，应当以自由流动为首要诉求。只有让要素先流动起来，要素贡献才能得到市场的评价，要素报酬才能有合理的依据。

对于垄断行业存在的超额垄断收益，可以考虑开征"收入调节基金"，针对上游原材料行业存在的垄断收益，目前只有"石油特别收益金"对油气行业进行了调节。但从近年的利润分配来看，整体上游原材料行业和金融部门都存在明显的超额收益，建议在"石油特别收益金"制度的基础上，对金融、能源、上游原材料等垄断行业开征"收入调节基金"，其收入专项用于增加社保和农村保险基金。

当前中国的中等收入群体规模只有4亿人左右，还有9亿人属于

---

[1] 《专家详解〈要素市场化配置综合改革试点总体方案〉》，"中国发展改革"公众号，2024年1月12日。

中低收入群体，提升中等收入群体的规模和占比，是繁荣中国消费的重要举措，也是实现人民对美好生活需要的必由之路。我们提出"10年实现居民可支配收入倍增"，也有学者提出"力争用10年左右时间，实现中等收入群体倍增"的目标，尽管指标和路径可能有所不同，但增加居民收入、繁荣中国消费、畅通国内经济循环、满足人民美好生活需要的指向是一致的。

如果通过各方面的努力，10年内将中低收入群体的1/3，即3亿人转化为中等收入群体，中国的中等收入群体就将扩大到7亿人，将成为中国建设全球最大消费市场最坚实的基础和最可靠的力量。

第七章

服务业大发展：
产业重构促进消费繁荣

因为有巨大的库存和闲置产能,制造业的需求不足往往表现得更明显,服务业虽然没有库存,但是也存在巨大的潜在需求不足和供给过剩。为什么必须推动服务业大发展,才能促进消费繁荣,进而让制造业和服务业融合发展,带来长期经济增长呢?

第一节
为什么促进消费繁荣须从服务业入手

当一个国家解决了温饱问题后,人们对粮食的需求增速必然下滑,之后的需求增长主要来自制造业。同理,随着人们对工业品的需求逐渐得到满足,对制造业的需求增速也必然放缓,更多的需求增长将来自服务业。然而,如果不能接受这个正常的经济现象,片面强调制造业才能创造财富,用错误的指标来指导实践,比如把提高农业和制造业占比当成高质量发展的指标,结果必然加剧这些领域的生产过剩和总需求不足。

服务业的发展让制造业变得更强大了

工业化后期阶段,随着产业结构的演进,制造业占比下降是普遍现象，但这并不代表制造业被削弱。一方面，制造业的产值仍然在增加，绝对规模仍然在增长；另一方面，在服务业提供的研发、设计、品牌等活动的支持下，制造业产品的技术含量、品牌含量、文化含量都在提升。也就是说，占比下降的同时，制造业变得更强大了。

根据世界银行的数据，2006—2023年，中国制造业增加值占GDP的比重，从32.4%下降到26.2%，下降了6.2个百分点，但制造业增加值从0.89万亿美元增长到4.66万亿美元，增长了424%，我们能说中国制造业被削弱了吗？

2006年，中国手机市场占有率前三的厂家为诺基亚、摩托罗拉和三星，全部都是国外品牌，2023年，前三位已经变成了苹果、vivo和OPPO，国产厂商已占据两个席位。2006年，中国乘用车市场占有率前三的厂家为上海通用、上海大众和一汽大众，也都是合资品牌，2023年，比亚迪成为市场占有率冠军。2006年，中国制造业增加值相当于美国的50%、日本的91%和德国的144%，现在已经相当于美国的197%（2021年）、日本的591%（2022年）和德国的551%（2023年），我们能说中国制造业被削弱了吗？

实际上，类似的变化在工业化的早期阶段已经发生过——随着工业的发展，原本在经济中占有统治地位的农业，其增加值占比必然下降，然而，工业的发展带来了化肥、农药、农业机械和良种，使农业的产量大大增加，品种越来越多，质量也今非昔比。1952年，第一产业的GDP占比超过50%，但当时的粮食产量只有1.64亿吨；2023年，第一产业的GDP占比已经下降到7.12%，但全国粮食产量达到6.95

亿吨。仅从这两组数据的对比就可以看出，工业化大大提升了农业的生产效率，让农业在增加值占比下降的同时，变得更强了。

工业化后期，服务业的发展也在为工业提供同样的推动和提升效果，我们没有必要担心制造业占比的下降，而是应当大力推动制造业和服务业融合发展，让两大产业共同提升中国经济的竞争力。

服务业与制造业融合发展更能满足消费者多层次需求

2024年8月，历时六年半开发的国产3A游戏（大预算、高质量的顶级游戏）《黑神话：悟空》开始发售，两个月的时间仅在Steam（数字游戏平台）上销量就超过2 100万份，收入超过10亿美元。由于《黑神话：悟空》对计算机、游戏机硬件，尤其是显卡有较高要求，这款游戏的火爆也带动了冷清多年的台式计算机市场火爆了一把。游戏上线当天，京东电脑类商品销售同比增长120%，其中显卡成交金额同比增长200%，组装机成交金额同比增长超150%，索尼PlayStation（游戏机系列）在天猫平台的PlayStation 5（简称PS5）主机成交量同比增长超100%。

当游客陶醉在迪士尼乐园、环球影城的沉浸式场景中时，我们也要看到"翱翔·飞越地平线"（上海迪士尼游乐项目）和"哈利·波特与禁忌之旅"（北京环球影城游乐项目）都是以机械和声光电化等工业产品为基础；特斯拉、比亚迪和蔚来的电动汽车有更高的智慧含量，但它们也是高端制造业发展的结晶；无论是《奥本海默》《流浪地球》，还是《封神第一部：朝歌风云》，这些美轮美奂的电影大作，无一不是大量工业产品和工业技术支撑的结果。

因此，服务业的大发展不仅离不开工业物质产品的支持，还会创造对工业产品的新需求，拉动工业的发展。

制造业发展为服务业提供了坚实的物质基础。从历史来看，工业化国家的服务业之所以发达，离不开制造业的支撑作用。如果没有美国强大的工业作为支撑，好莱坞就不可能拍出《星球大战》《终结者》《阿凡达》《哈利·波特》《泰坦尼克号》等堪称视觉奇观的特效大片；如果没有强大的工业作为支撑，美国也不可能发展出麦当劳、沃尔玛等全球领先的连锁服务企业；如果没有强大的半导体工业作为支撑，互联网、移动互联网等新型服务产业也不可能首先在美国出现。

中国作为当前全球最大的制造业国家，为服务业发展提供了较好的物质条件。中国三线城市的交通、酒店等设施已经非常完善；超过 400 万个 5G 基站和 600 万个 4G（第四代移动通信技术）基站让手机用户在乡村、山区甚至海岛、戈壁都能顺畅联网；在"智能手机+卫星导航+移动支付"的支撑下，大城市的消费者可以非常方便地购买和享受到偏远地区的农产品。

2023 年，淄博烧烤火了，为了迎接全国各地的游客，淄博仅用 20 天的时间就建成了一座可容纳近万人，还可以举办音乐节等活动的烧烤城。2024 年国庆节，在深圳全城 5 处地点，每晚共计有 1 万架无人机腾空而起，幻化成巨龙、星系、运动员、摩天楼群、航空母舰等形象，交织出"奇迹之城、未来之城、创新之城"等文字，不仅令在场观众赞叹不已，也在全球社交媒体上引发了热烈关注。《印象·西湖》等系列实景表演，长隆欢乐世界、方特欢乐世界等主题公园，《流浪地球》和"封神"系列电影已经能看出中国文化娱乐产业在强大工业基础的支撑下向上突破的"尖尖角"。中国的芯片、超级计算机等新型制造业正在与人工智能、大数据等最新的服务业相结合，为中国经济发展拓展新的空间。在中国工业强大的制造能力的支持下，中国的服务业，尤其是现代服务业正在涌现越来越多的新服务，创造出新需求，不断推动中国消费繁荣。

第二节
服务业发展缓慢加剧总需求不足

虽然新时期提振消费须从服务业着手，但中国服务业消费占比仍然明显低于其他国家，这既有服务业的供给抑制原因，也有其他深层次原因。

中国服务消费占比较低

当前，中国的总需求不足主要出现在传统制造业和传统服务业，文旅、研发、教育、医疗等现代服务业的需求增长比较旺盛，中国的总需求不足具有一定的结构性特征。

有研究显示，人均GDP超过1万国际元[①]之后，服务消费快速增长，并在居民消费中占据主要比重。[②]从20世纪50年代初开始，美国消费结构出现变化，服务业支出在个人消费支出中的占比不断提高，1969年美国个人消费支出中，服务消费占比首次超过商品消费，之后两者的差距持续扩大，到2024年8月，这一比重为69%。从日本的数据来看，1994年服务消费的占比就已过半，之后一直维持在近60%的水平，2021年服务消费的占比为56.7%。[③]

中国在"十二五"规划初期，即2011年前后，GDP超过1万国际元。[④]2013年，服务性消费在中国居民消费支出中的占比为40%，到2023年只增长到45%，占比明显偏低。

中国服务业的供给抑制

中国从2019年开始人均GDP超过1万美元，2023年，全国居民服务消费支出占居民消费支出的比重为45%，低于2019年46%的水平。由此可见，中国服务消费水平不仅与发达国家有明显差距，而且

[①] 受物价及汇率因素影响，用美元作为度量衡进行国际经济比较有一定局限性，以购买力平价方法为基础构建的国际元（采用购买力平价将不同国家货币转换为统一货币）可以提供新的研究视角。"十二五"初期我国人均GDP超过1万国际元，"十三五"初期我国人均GDP超过1.5万国际元，"十四五"时期预计我国人均GDP将迈过2万国际元门槛，比"十二五"时期翻了一番，经济发展将进入新阶段。（荣晨，《主要国家人均GDP达到2万国际元的五个经济特征——管窥"十四五"我国经济趋势》，"国宏高端智库"公众号，2019年5月15日。）
[②] 牛播坤、周笑雯，《新消费系列报告三：美国消费如何崛起》，华创证券报告。
[③] 赵中平、于佳琦等，《以日本消费为鉴，掘金新高潜赛道》，招商证券报告。
[④] 荣晨，《主要国家人均GDP达到2万国际元的五个经济特征——管窥"十四五"我国经济趋势》，"国宏高端智库"公众号，2019年5月15日。

尚未恢复到新冠疫情暴发前的发展水平，背后除了消费意愿问题，还有供给抑制问题。

供给方面，实质性的供给约束因素仍然存在。不少政府部门从原则上对发展服务业采取鼓励和支持的态度，但对于具体行业而言，更多是担心服务行业"一放就乱"，管理、限制措施抵消了扶持、服务政策。例如，在医疗、教育等优质资源供给短缺的领域，一方面鼓励社会办医、社会办学，出台了《关于鼓励社会力量兴办教育促进民办教育健康发展的若干意见》《关于支持社会力量提供多层次多样化医疗服务的意见》等一系列政策，民办教育机构、医疗机构一度也得到了发展，但在实际发展中却往往是"进一步，退两步"，社会资源进入相关领域所面临的政策限制是更多了而不是更少了。又如，在电影、电视剧、游戏、出版等文化娱乐领域，也存在管制、审批过多过严的现象，游戏版号、书号等限量审批，游戏版号从2018年以后连续5年递减，2023年才出现增长；电影行业报备立项影片数量从2016年开始逐年下降，也是到2023年才出现反弹。

当前，越来越多的人已经认识到服务消费将成为下一个重要的需求增长点，有人认为以教育和医疗为代表的服务业的消费意愿并没有充分释放，可以成为代替房地产的新增长点。消除服务业发展存在的供给抑制，让能够满足消费者个性化、多样化需求的服务产品大量涌现，让消费者能够放心购买、开心享受。

服务业发展缓慢加剧总需求不足

在工业化后期阶段,服务业的需求创造能力更强,因此增长更快,相应的投资也会快速增长。但中国的服务业投资增速在新冠疫情暴发前后却出现放缓迹象,其背后的深层次原因值得探究。

2009—2020 年,服务业投资增速一直高于固定资产投资增速,2009 年高出 2.9 个百分点,2013 年高出 2.8 个百分点,只有 2018 年低了 0.3 个百分点。

然而,从 2021 年开始,服务业投资增速明显放缓,开始低于固定资产投资增速。2021 年,服务业投资增速为 2.1%,固定资产投资增速为 4.9%,低了 2.8 个百分点。2022 年,服务业投资增速为 3.0%,固定资产投资增速为 5.1%,低了 2.1 个百分点。2023 年,服务业投资增速为 0.4%,固定资产投资增速为 3.0%,低了 2.6 个百分点。

造成近几年服务业发展缓慢的原因是多方面的。首先,受新冠疫情冲击,导致出现"瘢痕效应"。新冠疫情使很多服务业企业,尤其是中小企业和个体工商户负债累累,甚至关门歇业,即使在疫情之后,这些资产负债表严重受伤的企业和个人也无力再增加投资,是 2021 年以后服务业发展放缓的重要原因。

其次,对制造业投资的政策扶持力度明显大于服务业。2020 年以后,中国是否出现了过早去工业化的问题引起了关注,甚至出现了将制造业增加值占比作为高质量发展指标的提法,导致从各部委到地方,对于增加制造业投资出台了一系列优惠政策,但对服务业的政策扶持力度明显不如制造业。

最后,服务业发展目前还存在一定的观念束缚和管制过多的现象。近年来,在教育培训、影视、电子游戏等领域的行业管理过程中,一些部门仍然对相关细分行业的发展采取了较多的限制性政策,这也是服务业投资增速放缓的原因之一。

以上各种原因造成的服务业发展放缓,毫无疑问也加剧了中国的总需求不足。

第三节
提振服务业，促进消费繁荣

当前，中国社会主要矛盾已经转化为人民日益增长的美好生活需要和不平衡不充分的发展之间的矛盾，实际上就是供给结构不能适应工业化后期的需求结构变化。只要我们转变观念，放松供给约束，让那些能够满足人民美好生活需要的现代服务业、先进制造业蓬勃发展，中国的消费市场就必将进入繁荣的新阶段。

把服务业增速和占比作为高质量发展的指标

当前，医疗、教育、文化、养老、健康等现代服务业的需求非常旺盛，三甲医院、优质学区、优质文化产品、养老院经常出现短缺，很重要的一个原因是，还存在不少供给约束的政策，抑制了现代服务业的发展。

首先，应取消不必要的审批措施。应该对各种不合理的服务业限制政策进行全面的清理和废除，为服务业的发展扫清障碍。

其次，应当参照对制造业的支持政策和力度，凡是制造业能够享受的支持性政策，只要没有技术问题，也应当全部适用于服务业企业。

更重要的是，政府要从发展指标和考核体系上提升对服务业的重视。一方面要纠正将制造业高占比，甚至农业高占比作为高质量发展指标的错误做法；另一方面要将推动服务业发展作为高质量发展指标，将服务业增加值增速和占比提升作为考核地方政府经济工作的指标，以服务业大发展促进工业、农业发展，以不同产业融合发展促进消费繁荣。

提振服务业，促进消费繁荣

提振服务业，促进消费繁荣，要大力发展银发经济。而发展"银发经济"，一个很重要的问题是怎样在保障老龄消费者消费权益、改善他们生活品质的前提下，提升他们的消费意愿。这就需要在政府主导下，先提升中低收入老年人的医疗和养老保障水平，推动共建适合中国城乡老年人不同条件的养老生活模式，降低老年生活的不确定性，让老年人敢于且愿意放心消费。

此外，针对消费观念更新换代更快的 Z 世代，应当大力发展数码消费、文化消费等新领域。Z 世代是指 1995—2009 年出生的一代人，这一代人生活在工业化基本完成、新出生人口下降的大背景下，他们的消费观念将对商品和服务市场的发展带来不可忽视的影响。

首先，Z 世代对于数字消费高度适应甚至依赖。Z 世代的另一个名称就是"数字世界的原住民"，他们出生在互联网已经出现的世界，上学时网络已经随处可见，进入中学时移动互联网开始出现，电子游戏和网络游戏是童年时期就非常熟悉的娱乐方式，而数字化社交更是不学就会的基本技能。

对数字化生活的熟稔甚至依赖，让 Z 世代消费者在数字消费上更加慷慨。这里提到的数字消费不是指通过网络购物，而是消费网络游戏、视频、音乐、软件等数字形态的产品和服务。调查显示，Z 世代对虚拟活动表现出强烈兴趣，并愿意为此付费。值得注意的是，那些有分期付款消费习惯的 Z 世代更愿意尝鲜虚拟体验。[1]

中国游戏产业的市场规模增速的确呈现出下降的趋势，但考虑到很多数字消费未必以直接收费的方式来盈利，因此研究 Z 世代的手机在线时间或许更能反映他们在数字消费上的投入。数据显示，Z 世代每天使用手机的时间达到 8.33 小时，31% 的年轻人更偏好线上社交。[2]

---

[1] 《"破次元"数字社交文化观察——走进 Z 世代交友圈》，"中国广告杂志"公众号，2024 年 2 月 26 日。
[2] 同上。

其次，Z世代不再重视物质产品"量"的满足，而是更加关注"个性化"和环保、绿色等消费观念的贯彻。由于Z世代从小生活在物质比较丰富的家庭和社会环境中，没有物资匮乏所带来的"不满足感"，因此大多数Z世代消费者不像那些年纪更大的消费者那样重视物质产品"量"的满足。例如，以ZARA、H&M等服装品牌为代表的"快时尚"一度成为市场热捧的消费品类，其特点是设计快、生产快、销售快、淘汰快，在很短的时间内就走完了产品的生命周期，迎合了消费者"贪多、求变"的心理需求。但经过十几年的发展，快时尚的消费势头正在减缓，上海南京路、北京王府井的一些快时尚门店已经撤店，网上的销售额也在下降。据业内人士分析，快时尚的退潮反映出Z世代的年轻人更加关注"个性化"。

最后，Z世代更加愿意为自己的热爱付费。与他们的祖父母、父母的消费观念不同，Z世代更加愿意通过在自己喜爱的领域消费而"实现自我"。我们可以看到，一些热门歌手的演唱会门票往往是"秒光"，不少年轻人在平时的花销上很节俭，但是在购买自己喜爱的模型、手办等"二次元"周边时却非常大方，"汉服"爱好者为了制作自己喜爱的服装款式，可以付出大量的时间和金钱。因此，只要你的产品或者服务能够成为Z世代的"心头好"，分分钟就能成为爆款甚至出圈，这是针对年轻人市场开发新产品的"黄金法则"。

例如，2024年末突然在资本市场上爆火的"谷子经济"概念，实际上在年轻人当中已经流传了很长时间。"谷子"来自二次元文化，是基于漫画、动画、游戏、偶像、特摄等内容IP（知识产权）而衍生出来的周边商品，是英文单词"Goods"（商品）的谐音，包括徽章、海报、卡片、挂件、立牌、手办、娃娃等。[1]有投资机构的分析师认为，IP衍生市场规模有望超5 000亿元。就像一位"谷子"爱好者所说的，在不了解的人看来，他消费的"谷子"也许就是一沓纸、一堆铁皮，"但我会快乐"。[2]

---

[1] 《"谷子经济"爆火，谁成最大赢家》，"澎湃新闻"公众号，2024年12月7日。
[2] 同上。

第八章

民营经济：居民收入增长与消费繁荣的活力之源

改革开放之前的计划经济时代，大部分商品和服务都是由国营、集体单位提供的，不仅品种单一，而且供给短缺。40多年来，随着民营企业和个体工商户的蓬勃发展，中国消费市场一步步走向繁荣。民营企业从产品供给和就业收入增加等方面，持续推动着中国消费繁荣和经济增长。

第一节
中国民营经济发展与消费市场的繁荣

回顾改革开放以来中国消费逐渐繁荣的过程,民营经济提供了从"前店后厂"的简单生产,到智能手机和电动汽车等高端消费品,提供了从"鸡毛换糖"的最基本市场流通,到连锁大卖场和直播销售等如今最先进的营销方式,民营经济从工业品生产到服务业发展等各方面推动了消费品市场繁荣和经济发展。

民营经济发展催生了中国消费市场的繁荣

改革开放前,几乎每个中国家庭都有几个已经磕碰掉瓷的搪瓷茶缸;今天,我们在京东、拼多多等任何一个平台上搜索"茶杯",都会找到成千上万种不同材质、不同款式、不同功能、不同价格的产品，从膳魔师的保温杯到星巴克的猫爪杯，从一杯能装下一天饮水量的"吨吨杯"到喜茶联名杯，能玩出这么多花样的，大部分是民营企业。

改革开放前，中国人的服装普遍是灰、绿、蓝三色的制服，即使在上海这样的大城市，每人每年也只能拿到18尺布票，家家户户都是"新三年旧三年，缝缝补补又三年"，每个孩子都穿过哥哥姐姐的旧衣服。今天，在抖音、淘宝的服装销售直播间，不仅服装包邮包退，有些价格甚至已经低到令人咋舌的程度，还有成千上万的主播在变换花样地展示各种服装，能提供如此消费选择的，大部分也是民营企业。

改革开放前，人们只能在国营商店和供销社购买工业品，营业员、售货员谈不上服务态度，甚至要以"不打骂顾客"为最基本的要求。今天，消费者可以选择线上或者线下的商家，可以选择不同的交易平台，可以在成千上万的商户中选择比较，可以获得全面的售前咨询、售后服务，有评价商品和服务的权利，纠纷解决机制也越来越完善。从为了买一辆自行车都要托关系、走后门，到现在有这样自由的选择空间，主要推动力量是民营企业和民营经济。

从"鸡毛换糖"到线上交易

新中国成立以后，为了尽快实现工业化，我们长期实行高积累、低消费的方针，将资源向重工业方面倾斜，居民收入增长缓慢，消费品不仅种类单调，而且长期供给短缺。改革开放以后，人民群众勤劳致富的渴望与改善生活的需要实现了历史性的碰撞，民营经济从"大碗茶""鸡毛换糖"开始发展起来。1978年底，个体劳动者只剩下不足15万人，到1984年底个体工商户就发展到933万户，从业人员达1 304万人。

个体工商户主要活跃在商品流通和生活服务领域，例如武汉的汉正街，在改革开放之初短短10年时间内，个体工商户就发展到1万户以上，服装商家可以做到当天下午发现新款式，黄昏时弄来面料，晚上打出大样，半夜开机生产，第二天一早上市，恢复了"买全国、卖全国"的兴旺景象；浙江的义乌率先允许农民经商，允许从事商品贩运，允许开放城乡市场，允许多渠道竞争，很快搭建起了一个跨越省界、辐射全国的市场网络。

20世纪90年代以后，全国连锁大卖场成为居民购物，尤其是购买家电等耐用消费品的主要场所。这是国美、苏宁等民营企业在借鉴外资企业经验的基础上，逐渐形成的有一定中国特色的商业经营模式。2003年，国美拥有门店700余家，销售收入超过420亿元。2011年，苏宁门店数量则达到1 700多家，实现销售收入940亿元。这些大型商业企业的发展极大地方便了居民购买，提高了服务水平，促进了消费繁荣。

与此同时，在日用品、快消品行业，中国居民也进入了现代化的超市时代。沃尔玛、家乐福、麦德龙等国外超市品牌进入中国，刺激中国的商业企业加速转型，出现了一批国产超市品牌，物美、永辉、步步高、人人乐、大润发等民营超市品牌成为其中的黑马。而在百货商场和城市综合体领域，万达集团、大商集团、银泰百货、汉光百货、胖东来等民营企业也脱颖而出，以先进的经营理念、舒适的购物环境、高效的货品采购和商家管理以及良好的服务极大地促进了消费繁荣。

1999年，一场"72小时网络生存挑战赛"将电子商务的概念引入中国，2003年出现的非典疫情成为推动中国消费向线上交易快速转型的催化剂，很多人就是从那时起开始接受线上交易这种新生活方式的。就在这一年，淘宝网上线，次年支付宝出现，解决了电子商务的互信问题，对推动消费线上化更为重要。2009年，淘宝举办首届"双十一购物狂欢节"，全网销售总额仅为5 000万元；而到2021年，全网销售额达到9 651亿元。

2007年，消费者发现一家名为京东的网站以"自营"模式提供更加可靠的数码产品销售渠道，从此在购买数码相机、电脑和家电时，消费者又多了一种选择途径。淘宝和京东的"猫狗大战"，成为多年内提升中国消费者网购体验的主要力量。2010年以后崛起的美团，让全国范围的消费者都可以通过线上实现廉价高效的"外卖"服务，快捷方便地选购从大型商超到烧烤摊，从药品到家政的各种商品和服务。2015年出现的拼多多，让那些看重性价比的消费者可以充分享受中国制造业的强大生产能力带来的极致低价的购物体验，现在连美国的消费者也开始在Temu等电商平台上购买价廉物美的中国商品。2020

年以后快速发展的抖音电商，使消费者可以通过短视频了解商品和服务，销售者则将短视频流量成功转化为消费流量，直播带货模式推动中国线上消费进入算法时代、视频时代。而瑞幸咖啡、滴滴出行、青桔单车、去哪儿等模式创新，也大大方便了中国消费者的消费体验。

民营企业在不断推动中国消费交易线上化的同时，也为中国消费者提供了更多的线上产品和服务。从最初的电子邮件、聊天室和门户网站，到QQ（即时通信软件）等PC（个人计算机）时代的社交软件，再到微信等即时社交软件的出现，让越来越多的信息交流、人际沟通和工作会议等转移到网络世界，而《王者荣耀》等手机游戏和抖音短视频等，已经取代了看电视等传统休闲方式，成为国人重要的娱乐消费方式。

从"前店后厂"到《黑神话：悟空》

从改革开放到20世纪90年代，在城乡个体经营推动消费品市场形成的同时，很多地方也逐渐形成了"前店后厂"的经营模式，乡镇企业成为改革开放初期消费品的重要供给来源。

1984—1988年，乡镇企业数量从606万家增长到1 888万家，职工人数从5 200万人增加到9 545万人，总产值从1 710亿元增长到6 496亿元，生产了大量的服装、箱包、鞋帽、日用品、玩具等消费品。尽管当时不少乡镇企业生产的产品档次不高、质量较差，"温州皮鞋"一度成为这类商品的代名词，但无论是个体工商户还是乡镇企业，最为可贵的就是面向市场，以满足消费者需求为生存之本，而不是按照计划生产，因此极大地推动了城乡消费的繁荣，也增加了入厂农民的收入，形成了供给创造需求的良性循环，为产业升级打下了基础。

1990年以后，电视机、电冰箱、洗衣机等家电产品逐步走进大众家庭，这个过程中既有长虹、格力等国有企业的贡献，也有海尔、美的、康佳、创维、TCL、小天鹅等民营家电企业的功劳。随着市场竞争和产业发展，民营家电企业不仅在产量、销售收入和市场份额等方面占据优势，也成为研发创新和产业升级的主力，如厨电领域的老板、方太、华帝等，小家电领域的苏泊尔、格兰仕、九阳、小熊等，家居个人护理领域的飞科、徕芬、科沃斯等，在这些厂商的推动下，中国家电产业已经超越了向国外品牌学习的阶段，进入了自主研发设计的"自由王国"，大大提升了中国消费者的满意度。

2020年以后，以华为、比亚迪、蔚来、理想、小鹏等为代表的中国民营企业开始进入高端消费品领域，不断推动中国消费品产业升级，也推动中国消费者消费升级。例如，华为Mate XT三折叠手机定价约2.4万元（1TB[①]版本），比亚迪纯电超级跑车仰望U9售价168万元，蔚来旗舰级轿车ET9预售价81万元，都受到消费者的追捧。

改革开放以后40多年的历史，是城乡居民生活水平不断提升的历史，也是房地产业大发展的历史。1978年，中国城镇人均住房面积只有6.7平方米。2023年底，城镇人均住房建筑面积已经超过40平

---

① TB代表太字节。

方米。根据券商的报告，2022年以前民营房企销售占比约为市场总量的70%，此后两年降至40%左右，但整体来看在中国房地产市场高速发展的30年历程中，民营房地产开发企业承担了重要的角色，涌现出了碧桂园、龙湖、世茂、滨江、融创等大型民营房地产开发企业，超过80%的房地产开发企业是民营性质，建筑行业、装修行业民营企业占比甚至接近90%，而房地产中介行业几乎全部是民营企业。民营企业在房地产、建筑、装修等行业的大发展，极大地改善了居民的居住生活质量，极大地促进了住房、家电、家居等行业的消费繁荣。

不仅在工业品领域，在文化产品领域民营企业也在不断产出精品，米哈游、游戏科学等公司的产品让中国玩家不仅能玩欧洲、美国、日本的游戏作品，也可以在原生的中文环境中扮演"班尼特"和"天命人"（分别是《原神》和《黑神话：悟空》中的游戏角色），以郭帆（北京）影业、世纪长生天影业、大碗娱乐等为代表的民营影视厂商主导拍摄的《流浪地球》《封神第一部：朝歌风云》《你好，李焕英》等电影，都是既叫好又叫座的成功之作，为中国消费者提供了越来越丰富的文化产品。

第二节
民营经济：就业、收入与消费

消费繁荣的前提是居民收入的增长，而中国80%的居民工资和劳务性收入都来自民营企业。可以说，民营企业兴旺，居民收入就会增长，中国消费就能繁荣；相反，一旦民营企业发展放缓，居民收入增长就同步放缓，中国消费难免会疲软。

民营经济是农民工就业和收入的主要来源

1991年，一部名为《外来妹》的电视剧，描写了一群北方农村女孩，勇敢来到改革开放的最前沿广东，进入外资工厂打工的故事。这部剧所描述的农民工融入工业化、城镇化进程，由此给人们的收入、观念乃至命运带来的改变和冲击，引发了很多人的共鸣，创造了收视神话，成为改革开放以后最受欢迎的20部电视剧之一。

改革开放以后，农村实行联产承包责任制，农业生产效率提升，加上农村管理体制的变革，使得大量劳动力从农业生产中解放出来，汇入了工业化、城镇化的大潮，这个被称为"农民工"的群体为中国的经济增长做出了巨大的贡献。

1978—1988年，出现了"离土不离乡，进厂不进城"的第一波民工潮，他们主要出现在长三角、珠三角等乡镇企业发展基础较好的地区，出现了江苏的"苏南模式"和晋江的"三闲经济"（闲房、闲资、闲置劳动力）等典型，农民第一次通过种地以外的劳动大规模实现增收，由此出现的"万元户"不仅改善了自己的生活，也成为激励邻里乡亲发家致富、改善生活的榜样。数据显示，1980—1986年，年收入在500~1 000元的离土农民人数增加了175%，收入在1 000元以上的人数则增加了31倍多，并且收入的数额及高收入离土农民的比重不断提高。[1] 1979—1988年，农民工名义工资收入从90元增长到222元，增幅达到147%。[2]

《外来妹》所描述的，已经是中国改革开放以后的第二波民工潮，这一波民工潮主要出现在1989—2001年，其主要特点是"离土又离乡，进城进工厂"，大批农村富余劳动力进城务工，主要流向东南沿

---

[1] 陈宗胜，高国力. 沿海地区"民工潮"及其对策研究[J]. 天津社会科学，1995，（03）：10-16+19.
[2] 卢锋. 中国农民工工资走势：1979—2010[J]. 中国社会科学，2012，（07）：47-67+204.

第八章　民营经济：居民收入增长与消费繁荣的活力之源

海省市从事第二、第三产业。1995年的一份研究报告显示，当时已经有超过5 000万农村富余劳动力进城，而且在以每年1 000万人左右的速度增加。[①] 1988—2001年，农民工名义工资收入从222元增长到575元，增幅达到159%。[②]

2001年之后，随着中国加入世贸组织，外向型经济进一步发展，工业化和城镇化速度加快，将更多的农村富余劳动力卷入了经济发展的大潮，由此引发了第三次民工潮。第三次民工潮带来的劳动力年纪更轻、观念更新，文化程度也更高，他们更倾向于在城市扎根生活，也有更高的消费倾向。2002—2023年，农民工工资从629元[③]增长到4 780元[④]，增幅达到660%。

截至2023年底，中国共有约2.9亿农民工，80%以上的农民工主要从事制造业（27.5%）、建筑业（15.4%）、批发和零售业（13.2%）、交通运输仓储和邮政业（7.1%）、住宿餐饮业（6.7%）、居民服务修理和其他服务业（12.7%）等以民营经济为主的行业，可以说，民营经济的发展壮大，为大多数农民工提供了就业机会和工作收入。

同时，民营经济通过各种方式推动农村、农业的发展，为农民提供脱贫增收的机会和通道。例如，河北养元智汇饮品股份有限公司（"六个核桃"饮品生产商）已推动新疆、云南、太行山三大核桃黄金

[①] 陈宗胜，高国力.沿海地区"民工潮"及其对策研究[J].天津社会科学，1995，（03）：10-16+19.
[②] 卢锋.中国农民工工资走势：1979—2010[J].中国社会科学，2012，（07）：47-67+204.
[③] 同上.
[④] 国家统计局，《2023年农民工监测调查报告》。

产区的约 60 个县 10 万余核桃种植户实现增收致富。在"六个核桃"饮品原材料的种植地，每一亩核桃收入增加了 1 500 多元，而扶贫车间人均月收入更是提升了 2 000 多元。

个体工商户支撑近 3 亿人的就业和收入

  1979 年 5 月，北京前门大栅栏，几位回京知青办起的"大碗茶摊"，开启了中国个体工商户，乃至中国民营经济的发展史。1982 年 8 月，《人民日报》发文肯定武汉汉正街个体工商户的发展经验，催生了全国个体户发展的新热潮。1989 年，陶华碧在贵阳市南明区龙洞堡开办的"实惠饭店"，成为日后风靡全球的"老干妈"辣酱的起点。1994 年，四川简阳人张勇开了一家只有四张桌子的小火锅店，后来发展成全球拥有超过 1 300 家分店的"海底捞"火锅品牌。1998 年，中国人民大学毕业生刘强东带着 1.2 万元的积蓄在北京中关村租下一个小柜台，创立了"京东多媒体"，现在已经发展成营业收入超过 1 万亿元，员工超过 62 万人的电商巨头……

  在全国城乡各地，各种各样的小卖店、饮食店、夜市摊、洗衣店、图文打印店以及修车、修表、修电脑的小店，都以个体工商户的形式经营，这些个体户规模不大，少则只有一个人，多数是"夫妻店"，规模稍大者雇用三五个帮工，为城乡居民提供了近在身边的方便服务，也为解决就业和增加收入发挥了巨大作用。到 2024 年 6 月，中国个体工商户数量已经达到 1.25 亿户，支撑了近 3 亿人的就业和收入。

个体工商户不仅贡献了大量的就业岗位和工资收入，也为居民经营性收入的增长做出了贡献。在中国，经营性收入在居民可支配收入中占比约为17%，主要来源是产品销售收入、经营服务收入、工程承包收入、租赁收入和其他经营收入。这些经营性收入与民营经济发展，尤其是个体工商户的发展高度相关。民营经济兴旺，个体工商户生意好做，居民的经营性收入就增加得快；民营经济疲软，个体工商户生意难做，居民的经营性收入就增加得慢。

民营经济与灵活就业收入

2008年，在上海交通大学就读的张旭豪、康嘉等人创立了"饿了么"，中国外卖行业开始萌芽。2013年，美团进入外卖行业，竞争使外卖行业发展驶入快车道。到2023年底，外卖用户已经达到5.45亿人，在线外卖市场规模超过1.1万亿元，创造了超过1 000万个外卖骑手的岗位。

2010年成立的易到和2012年成立的滴滴出行、快的打车，是中国网约车行业"早起的鸟儿"，随着私家车数量的增长，以及4G和移动支付的普及，到2014年网约车进入了快速发展阶段，当年两大平台为争取司机和乘客而爆发的"红包大战"，很多人还记忆犹新。到2023年，滴滴出行、T3出行、曹操出行等网约车平台企业为650万网约车司机提供了就业机会，每月的收入范围在几千元到上万元之间。

视频直播行业也是随着移动通信网络的普及而发展起来的，2016

年被称为中国的"网络直播元年",涌现出大量的直播平台,主播数量迅速增长,覆盖的观众人群也快速扩张,直播的内容从秀场直播、游戏直播扩展到泛娱乐直播等多个领域。也是在这一年,淘宝直播上线,直播带货这种新的销售模式开始迅速发展。截至2023年底,已经有1 508万人把网络主播当成主业,预计到2025年我国直播行业的人才缺口将达到1 941.5万人。[①]

民营经济的发展在数字经济领域和新兴服务行业创造了更多前所未有的新岗位,除了网约车司机、快递员、外卖员和视频主播等,人力资源和社会保障部新认定的就业岗位还包括会展搭建师、文创产品策划运营师、生成式人工智能系统应用员、智能联网汽车测试员等,这些岗位都是民营企业在发展新产业的过程中创造出来的。人力资源和社会保障部估计,目前个人经营非全日制以及新就业形态等灵活就业规模达到2亿人,为解决新增就业、提高居民收入、繁荣消费做出了很大贡献。[②]

民营经济是拉动居民收入增长的主要力量

当前,中国已经涌现出一批提供就业岗位达到几万、十几万甚至几十万个的大型民营企业,如比亚迪(90万)、京东(62万)、华为(21万)、阿里巴巴(20万)、恒力石化(17万)、腾讯(10万)、魏

---

① 中国演出行业协会网络表演(直播)分会联合快手平台发布的《网络主播新职业发展报告》。
② 《目前我国灵活就业规模达2亿人》,中国政府网,2021年5月20日。

桥创业（10万）等，再加上前文所述民营企业为农民工提供的就业岗位、个体工商户支撑的就业和收入，以及平台企业提供的灵活就业机会，可见民营经济是中国居民收入增长和消费繁荣的重要基础。

数据显示，中国80%以上的城镇就业和90%的新增就业是由民营企业提供的。从城镇社会从业人员数据来看，国有单位从业人数从1990年的1.03亿人下降到2019年的5 473万人，下降了46.9%，而民营企业从业人员从57万人增长到1.46亿人，增长了254倍。2013—2023年，每年新增就业人数都超过1 200万人，2018年达到1 361万人，其中90%是通过民营经济找到工作并获得收入的，从而具备了持续的消费支出能力。

1984—2022年，民营经济提供的工资总额占比从0增长到63%，而且民营企业平均工资增速几乎在所有年份均高于居民人均可支配收入增速（仅有2017年例外）。2011—2013年，民营企业平均工资增速高于居民人均可支配收入增速超过5个百分点。受新冠疫情冲击最严重的2020年，中国居民人均可支配收入增速仅有2.1%，而民营企业平均工资增速仍达到7.7%，高出前者5.6个百分点。

考虑到民营企业80%以上的就业占比，再加上高于整体水平的收入增速，民营经济就业收入与中国消费繁荣息息相关，决定了居民收入增长的主要推动力量是民营经济。

第三节
大力发展民营经济,促进消费繁荣

民营经济发展壮大,可以从居民收入和产品供给两端同时推动消费繁荣。当前,民营经济的发展受到了前所未有的重视,但也遇到了一些理论瓶颈和舆论杂音的影响,只有消除这些不利因素的干扰,为民营经济提供公平公正的竞争环境,才能够促进消费繁荣,打通国内大循环,实现高质量发展。

进一步消除影响民营经济发展的理论瓶颈和舆论杂音

2018年以后,社会上出现了一些质疑甚至抹黑民营经济的舆论杂音,以及一些与国家大政方针不相符合的错误思潮,对民营企业和民营企业家的投资信心产生了影响。党和政府高度重视这一问题，专门召开民营企业家座谈会，出台《关于促进民营经济发展壮大的意见》，并积极推动《民营经济促进法》的立法工作。

我们在梳理了改革开放以来党和政府关于民营经济发展的一系列论述、政策和文件的基础上，结合对改革开放以来经济发展实践的深入研究，认为应当从更高的角度认识民营经济的作用和贡献。

改革开放以来的发展实践充分证明，民营经济创造的不仅是财富、就业、赋税，而且通过竞争激发了国有企业的活力，成为各地区、各行业乃至整个社会主义市场经济发展的活力之源。从浙江、广东、福建、江苏，乃至全国各地的发展经验来看，从家电、手机等消费品行业，餐饮等传统服务业，物流等现代服务业，互联网、移动互联网等新经济行业，以及新能源汽车和芯片等产业的发展实践来看，哪个地区的民营经济发达，哪里的经济就充满活力，哪个行业对民企越开放，哪个行业的活力就越充沛，发展的速度就越快，竞争力就越强——民营经济已经成为区域经济、产业经济乃至全国经济发展的活力之源。

同时，社会主义市场经济体制，包括商品市场、资本市场、要素市场、劳动力市场、技术市场等任何市场经济，离开了民营经济主体，单靠公有制单位，是建立不起来的，即使建立了也只能进行模拟的交易，市场也是模拟的市场，不可能真正建成社会主义市场经济。当前，中国正在构建高水平社会主义市场经济体制，仍然离不开民营经济主体，应当说，社会主义市场经济体制要坚持多长时间，发展壮大民营经济目标就需要坚持多长时间，发展壮大民营企业和民营经济，应当成为建设社会主义市场经济的长期目标。①

我们认为，充分肯定民营经济是市场经济发展的活力之源，促进民营经济发展壮大是社会主义市场经济的长期目标，将有利于进一步消除民营经济发展的理论瓶颈和舆论杂音，坚定民营经济的发展信心，为促进中国消费繁荣做出新的贡献。

在经济下行周期，更要保护民营经济

截至 2023 年末，工业企业总体亏损面接近 28%，升至 2002 年 9 月以来的高位；从各地数据推算，2023 年服务业亏损面普遍也在 40% 左右。可以说，2012 年以来的持续总需求不足，与疫情冲击叠加，已经严重影响了民营企业的盈利状况和资产负债表。面对变幻莫测的市场风险，当前大多数民营企业比以往都更加脆弱，如果再叠加一些原本就不该有的非市场风险，就可能成为压垮某些民营企业的"最后一根稻草"。

近些年来，党和国家高度重视民营企业发展环境，连续多年推动优化营商环境，国务院为此专门出台了《优化营商环境条例》，应当说国内的营商环境整体有了很大的改善，民营企业在大多数情况下办事成本大大降低。但根据"社会熵增原理"，如果不能持续输入能量，

---

① 滕泰，张海冰. 中国民营经济论［M］. 北京：中译出版社，2024.

社会系统中的无序性总是趋向增加的。因此，优化营商环境必须持续不断确保各项措施落实到位，并不断消除新的破坏营商环境的现象，否则就像"逆水行舟，不进则退"。近年来，随着房地产市场降温，土地出让金收入明显下降，很多地方财政出现困难。以往在地方财政困难时，往往会加大非税收入的征收力度，导致企业负担增加，这一现象值得高度重视。财政收入不能竭泽而渔，在经济下行周期，更需要保护民营经济。

民营企业是中国居民就业和工资收入的主要来源，在经济下行周期，保住更多民营企业，就是保住更多就业岗位和居民收入，就是保住实现消费繁荣的"基本盘"。

正确看待资本逐利，促进消费繁荣

党的十八届三中全会发布的《中共中央关于全面深化改革若干重大问题的决定》提出，"让一切劳动、知识、技术、管理、资本的活力竞相迸发，让一切创造社会财富的源泉充分涌流"，充分肯定了资本与劳动、知识、技术管理一样，是活力，是财富的源泉，是创造财富的重要生产要素之一。

强化反垄断和防止资本无序扩张是中共中央、国务院前几年针对个别领域的资本要素在市场运行中暴露的特殊问题所提出的决策，有其特殊性和必要性，目前已经取得了显著效果。与此同时，也有言论趁机将资本无序扩张扩大化甚至极端化，刻意将正常的资本经营活动混同或等同于无序扩张，进而采取怀疑甚至贬斥的态度，这种氛围是造成部分民营企业家选择"躺平"或观望的重要原因。

必须认识到，逐利现象是资本作为生产要素的必然特征。如果对资本逐利现象赋予道德色彩，用"无私"的道德标准来批评资本逐利就是"唯利是图"甚至"见利忘义"，就会否定正常的市场运行规律，使民营企业家对资本逐利感到羞耻或者恐惧，就必然会造成民间投资下滑、经济增长放缓、减少就业机会、影响居民收入增长。

必须承认，资本作为一种生产要素，其逐利现象是市场经济的内在驱动力。如果资本在循环中不能增值，而是不断减损，最终将面临生产过程无法持续而退出，也就是破产或者倒闭，经济循环就会中断。因此，要维持健康的经济循环，资本必然也必须追求增值。资本不仅逐利，而且不断向利润率更高的领域流动，这自然会有利于全社会资源配置效率的提高，只有承认和允许、鼓励资本的逐利现象，才能让市场经济正常运转，并不断提高运转效率。

中国经济正处在转型升级的关键时刻，又面临着国内外诸多新的严峻挑战，只有及时回应、不断反击那些否定民营经济的错误言论，引导全社会客观认识资本逐利现象，旗帜鲜明地反对资本污名化，以法治为基础，为民间资本正当逐利提供宽松环境，才能够更好地充分发挥资本要素的积极作用，推动民间投资和外资投资回升，不断扩大就业、增加居民收入，不断激发新供给、创造新需求，为推动中国消费繁荣做出贡献。

让民企使用资金、土地等要素占比与贡献相匹配

当前，民营经济贡献了 50% 以上的税收，60% 以上的 GDP，70% 以上的技术创新成果，80% 以上的城镇劳动就业和 90% 以上的新增就业，但民营企业在获得融资（包括贷款、股票融资和债券融资）、用地等方面，还面临着不同程度的不公平现象。

根据国家金融监督管理总局的数据，截至 2024 年 6 月末，全国民营企业贷款余额 71.8 万亿元，[1] 同期本外币企事业单位贷款余额 168.05 万亿元，民营企业贷款占比为 42.7%，较以往已经有了明显提升，但与民营经济贡献的税收、GDP、创新成果和就业岗位相比，还有明显的差距。

债券融资方面，2008—2023 年，民营企业的发行规模只占银行间债券市场的 5.5%；[2] 股权融资方面的情况相对较好，民营企业在 A 股市场的 IPO（首次公开募股）融资额占比能达到 2/3 左右，但与数十万亿元的贷款规模相比，股权融资规模太小，无法扭转在获得资金要素方面至今仍然存在的不公平现象。

机构对土地市场数据的研究显示，2017—2020 年，通过划拨（主要以无偿划拨为主，有偿划拨也仅需支付少量费用）转让的土地占全国土地成交面积的 56%，但占土地成交金额的比重仅为 3%；通过挂牌和拍卖成交的土地贡献了超过 90% 的土地成交额，但面积只占

---

[1] 国家金融监督管理总局，《2024 年上半年民营企业信贷情况》，2024 年 10 月 30 日。
[2] 汪航，《银行间市场民企债券发行情况分析》，"中国货币市场"公众号，2024 年 5 月 6 日。

40%。国有单位既可以通过划拨方式获得用地，也可以通过挂牌和拍卖成交获得土地，但民营企业只能通过挂牌和拍卖成交拿地，因此民企获得的土地必然小于40%，与民营经济贡献的税收、GDP、创新成果和就业岗位相比，差距就更大了。

尽管近年来党和国家多次强调在资金、土地等生产要素使用方面要一碗水端平，但由于体制性隐性背书的存在，表面的"一碗水端平"并不能保证国企与民企之间实现竞争中性，必须通过强力纠偏才能保证民企得到相对公平的信贷等资源供给。只有让民营经济获得与其贡献相匹配的资金、土地等生产要素供给，才能让民营经济获得长久、可持续的发展，不仅能够提供更多符合人民群众对美好生活需要的产品和服务，也能够创造出更多的就业岗位，更好地提升居民收入、促进消费繁荣。

立法促进民营经济发展，促进消费繁荣

2024年10月，司法部、国家发展改革委就《中华人民共和国民营经济促进法（草案征求意见稿）》公开征求意见。这是民营经济发展史上的一个里程碑，也是中国特色社会主义市场经济体制发展过程中的一件大事。如何立法才能够促进民营经济发展，同时从收入和产品、服务等多角度促进消费繁荣？

出台《民营经济促进法》，目的不是规范管理，而是促进发展。这就意味着，仅仅把散布在宪法、民法、商法、行政法中有关民营

经济的内容进行汇编是不够的，而是应该在不与上述法律冲突的前提下，或有所延伸突破，或做出更详细、更可操作的规定，或提出新的建设性内容。

例如，"民营经济是社会主义市场经济的重要组成部分，是推进中国式现代化的生力军，是高质量发展的重要基础，是推动我国全面建成社会主义现代化强国、实现中华民族伟大复兴的重要力量"等论述，都是之前文件中的表述，并没有新的突破。建议明确提出"把发展壮大民营企业和民营经济作为建设社会主义市场经济的长期目标"，这样才可以宣示党和政府促进民营经济发展壮大长期不动摇的决心。

《中华人民共和国民营经济促进法（草案征求意见稿）》第十二条提出"国家保障民营经济组织依法平等使用资金、技术、人力资源、数据、土地及其他自然资源等各类生产要素和公共服务资源，适用国家支持发展的政策"。但是从当前的实际情况来看，民营企业获取资金、技术、土地等生产要素的条件和比例，与它们对国民经济增长、就业和税收的贡献仍然严重不匹配，比如，中国民营经济获取信贷资金的比例不足40%，但是它们对国家税收和就业的贡献却分别高于60%和80%。

为了更好地体现要素获取的公平性，是否可以明确民营经济获取生产要素的最低占比要求，比如加上一句"各部门、各级地方政府有责任推动民营经济获取的各种生产要素在国民经济当中的占比逐步接近其对就业和税收的贡献占比，并把该项指标作为政绩考核的重要指标之一"。

民营经济不仅提供了大多数就业机会和居民收入，也创造了大部分直接满足消费者需求的产品和服务。通过立法确保民营企业和个体工商户的合法权益，为它们提供稳定、低成本的经营环境，减少行政部门对正常市场行为的干涉和干扰，不仅是保护民营经济、民营经济人士，也是保护普通居民的就业岗位和劳动收入，保护中国经济的供给能力和活力之源，促进中国经济向收入增长、消费繁荣的良好局面发展。

尤其需要指出的是，《民营经济促进法》与普通规范类法律不同，但也有规范约束的对象，不同的是该法约束的对象是公权力。通过约束公权力、保护民营企业来促进民营经济的发展，因此该法的具体内容能否在实践中真正保护民营企业，就成为衡量该法成败和成效的重要标准之一。应当把是否提振了民营经济信心，能否真正促进公平竞争，能否保护民营企业家的合法权益，作为衡量《民营经济促进法》成效的重要标准，推动其内容的进一步完善。

放松供给约束，促进消费繁荣

近年来，在去产能、去杠杆、加强环保、防治资本无序扩张等政策的执行过程中，出现了不少与支持性宏观政策取向不一致的措施或合成谬误现象，加上疫情防控政策放开以后，一些不合理的限制性政策残留了下来，导致感觉到民营经济发展中的束缚比以往要多。因此，"增强宏观政策取向的一致性，用好一致性评估的工作机制，提升各领域政策的目标、工具、力度、时机、节奏的一致性和匹配度"

不能停留在口头上、文件上，而是要实实在在落实，每个部门、每个地方都要检查自己的各项政策措施，同时接受民营企业和其他市场主体的投诉、申诉，尽快发现和消除各种政策堵点。

中长期来看，民营经济的市场准入问题，也就是长期存在的"（隐形）天花板""玻璃门""旋转门"问题，仍然需要花大力气解决。如前文所述，民营经济是中国产品创新、技术创新、模式创新和场景创新的主要推动者。改革开放以来的一条重要经验就是，不断为民营经济发展"松绑"，放松民营企业和个体工商户面临的产品供给约束，为它们打开越来越广阔的市场准入空间，放松民营经济面临的要素供给约束，为它们提供供给充分、成本合理的资金、土地、技术等生产要素，就能够激发民营经济活力。

总之，只有最大限度地解除民营企业的供给约束，"让一切劳动、知识、技术、管理、资本的活力竞相迸发，让一切创造社会财富的源泉充分涌流"，才能真正激发民营经济活力，激励民营企业创造更多就业，提升居民收入，从收入和产品、服务等各方面不断促进中国消费繁荣。

第九章

创造新需求：以创新推动消费繁荣

"乔布斯创造苹果手机之前,世界对它的需求是零。"每一次技术上的进步都会催生全新的产业和需求,在彻底改变社会与人们生活方式的同时,也必然会带来新的繁荣。新供给不断创造新需求,引领和改变人类生活方式,才能带来新的增长动力。

第一节
如何创造新需求

当前中国经济的总需求不足,在很大程度上是因为供给结构老化——老化供给和过剩供给创造需求的能力越来越小。此时,市场化淘汰老化和过剩供给,支持那些能够创造 N 倍新需求的产业,只有不断创造新需求,才能引领中国经济走出需求不足。

老化供给不能创造等量需求

当前,居民收入增速慢、占比低导致的消费抑制,固然是当前总需求不足的主要原因,但由于供给过剩和供给老化,供给不能自动创造与自身等量的需求,也是总需求不足的重要原因。

古典经济学信奉的"萨伊定律"认为，供给自动创造自身同等数量的需求。也就是说，每 1 000 单位产品的销售收入，都会自动转化为等量的要素所有者收入，包括工资、利息、地租等收入，然后再由这些要素所有者支出和消费，形成 1 000 单位的等量支出。即使有盈余变为储蓄，也会通过银行等金融体系转化为等量的需求；即使有税收，也会通过政府支出转化为需求。

萨伊所处的年代，正值拿破仑执政时期，生产力并不发达，当面临严重的通胀时，过多的货币追逐着稀缺的商品，产品的销售不成问题，所以萨伊才能从现象上观察到"供给创造自身等量需求"的规律。

然而，1929 年大萧条打破了萨伊定律，凯恩斯之后，人们认识到"供给创造自身等量需求"只是一种想象中的理想状态，现实中在大多数情况下是不成立的。那么，是什么导致了供给无法创造出自身等量的需求呢？

首先，供给过剩造成供给不能创造等量的需求。从收入的角度来看，总收入等于劳动、土地和资本的总收入，也就是工资、租金和利润之和。但实际上，当经济总体供给过剩时，除了在市场上销售出去的产品转化为劳动、土地和资本的收入，还有一部分产品以存货的形式"滞留"下来，因此总产出就等于工资、租金、利润之和再加上存货的价值。也就是说，在供给过剩的情况下，供过于求，导致产能过剩、库存积压。过剩的供给显然不能够创造出自身的需求。

其次，供给老化降低供给创造需求的能力。即使在经济总体不过剩的情况下，当出现供给老化时，也会造成产品滞销的现象，降低供给创造需求的能力，此时供给也不能够创造出与自身等量的需求。在工业化的后期，供给老化导致需求创造能力下降，从而引发总需求不足越来越常见，但通过扩大投资来治理这种总需求不足，只是扬汤止沸，在没有创新的情况下，扩大的投资最终增加了老化供给，使得需求不足更加严重。

从满足现有需求到创造新需求

在已有市场中，比如农业时代，人们对食物和住房的需求本来就存在，供给只能满足需求，而不能创造需求。然而，在新市场中，人们对看电影、看书、获取信息的需求实际上是由电影、书或信息本身所创造的。例如，在 J. K. 罗琳出版哈利·波特系列小说之前，人们对于这本小说的需求根本就不存在。类似地，人们对于苹果手机、抖音等产品的需求，也是在这些产品生产出来之后才产生的。

在经济发展的各个阶段和人们生活的很多方面，都可以找到新供给创造新需求的例子。例如，在汽车发明之前，人们并没有使用汽车的需求；在点蜡烛照明、训练鸽子作为信使的时代，人们对于电灯和手机的需求也不存在。而一旦汽车、照明技术和新的通信产品问世，新供给就创造出了新的需求。

因此，如果从动态的观点来看，一个经济体的供给结构是不断变动的，其总需求的变化不仅受到价格、收入和利率等因素的影响，还受到新供给的影响，新供给会创造出新的需求，可以表示为[①]：

$$D=f(P, I, R, NS\cdots)$$

其中，D 代表需求，P 代表价格，I 代表收入，R 代表利率，NS 代表新供给。

如何衡量新供给的需求创造能力？可以用供给的需求创造系数（N），也就是新需求与新供给的比值来描述供给创造需求的能力。当 N 的变化趋势发生改变时，供给的需求创造能力也随之变化。

$$N=\Delta D/\Delta S(N \geqslant 0)$$

其中，ΔS 表示新供给，ΔD 表示新需求。

当 N 处于上升阶段时，新供给正在形成或扩大。随着 N 的增加，供给创造需求的能力也随之增加。当 N 小于 1 且不断增加时，新供给正在形成；当 N 大于 1 且不断增加时，新供给就会不断扩张。当 N 处于下降阶段时，供给会趋于成熟或老化。随着 N 的减少，供给创造需求的能力也会缩小。当 N 大于 1 且不断下降时，供给趋于成熟；当 N 下降且小于 1 时，供给趋于老化。[②]

如果一个经济体以新供给为主导，那么需求增长率就会加快；如果一个经济体以老化供给为主导，那么需求增长率就会下降。当前，中国的供给结构正在面临大的调整和变革，光伏发电、电动汽车、锂电池等新供给蓬勃发展，人工智能等技术革命正在展开，但大量传统产业仍然占据中国经济的主要比重，导致需求创造能力下降，是引发

---

① 滕泰.新供给经济学[M].上海：上海财经大学出版社，2019.
② 同上。

总需求不足的重要原因。因此，激发新供给，创造新需求，优化供给结构，才是应对总需求不足的治本之策。

创新函数：创新需要掌握新规律

在工业经济中，生产函数清晰地描述了投入与产出的对应关系——无论是边际递增还是递减，都保持确定的正相关性。一份投入必有一份产出，这是工业生产和传统服务业最基本的经济规律。然而，当我们进入研发创意产业、数字经济、知识产业以及文化艺术等信息态财富创造领域时，这种确定性被打破了：一个研发团队可能投入数亿元资金却毫无突破，也可能在极小投入下获得革命性成果；一位科研工作者十年如一日的积累可能看似平淡，却在某个时刻迸发出改变行业格局的创新。这种投入产出关系的高度不确定性，需要一个全新的理论框架来刻画。

我们提出的创新函数[①]，通过整合技术、环境、信息和创意灵感四个维度的函数关系，构建起能够准确描述信息时代价值创造规律的数学模型。这个理论框架不仅能量化创新过程的概率特性，更揭示了各要素间的深层互动机制。

$$I = A \cdot \varepsilon \cdot f(L_{effective},\ K,\ i,\ E)$$

$$L_{effective} = \int L \cdot P\%\ \mathrm{d}t$$

[①] 滕泰，张海冰，滕天逸. 软价值经济学[M]. 北京：中译出版社，2023.

其中，I代表创新思维，A代表技术系数，是当前的技术水平和技术积累，ε代表创新环境系数，指宏观的创新环境和企业内部的微观创新氛围，L代表劳动，"$L_{effective}$"指有效创意劳动，$P\%$代表创意者灵感概率，K代表资本，E代表企业家才能，i代表信息元素。

在创新函数中，出现了"创新环境"（ε）这个传统生产函数所没有的价值创造条件，在硅谷那样的环境里，同样的知识创意有很大的产出，换个地方恐怕就不行。

在创新函数中，有效创意劳动取代了生产函数中的一般劳动。创新函数中的劳动投入必须重新定义为"有效劳动"，它是总劳动投入和"创意者灵感概率"的积分，与创作者的灵感高度相关。研发人员在灵感迸发时可能实现重大突破，而在思维困顿时无论怎样绞尽脑汁，也给不出有效的成果。

在创新函数中，信息元素不仅包括信息产业所重视的数据要素，还包括已有的科研成果、技术专利，各国、各民族流传的史诗、故事、歌谣、舞蹈、IP，也包括数据、算法的积累，这些都可以和工业时代的生产函数中的土地重要性相提并论的重要的价值创造要素。

以"创新函数"为底层逻辑，围绕着打造更好的创新环境、积累更有效的信息元素，提高创意者灵感概率，不同行业的创新企业已经探索出 IPD（集成产品开发）、OKR（目标与关键成果法）等各种创新管理方法，各国政府也早已意识到促进创新所需要的政策支持与传统的促进生产和投资有本质的区别。只要越来越多的政府管理者、企业管理者都掌握促进创新的原理,推动各行各业以新技术、新产品、新模式、新场景等新供给来创造新需求,中国的消费繁荣时代必将到来。

第二节
创新打开需求天花板

1998年前后,当很多供给老化的产业都因为需求不足面临被淘汰的命运时,正是阿里巴巴、腾讯、百度、京东等互联网企业萌芽的阶段。如今,互联网已经创造出无数新供给、新需求,彻底改变了我们的生活方式。当我们又一次面临需求不足挑战的时候,人工智能又将再次改变我们的生活方式,打开新需求的天花板。

创新不断突破增长极限

曾几何时,中国消费者已经习惯于在永辉、大润发等超市购买食品和日用品,商业界都在研究沃尔玛是怎样扩大规模、压缩成本、全球布局，成为全世界最大的零售企业的。国外现代化超市利用计算机信息系统、条码识别系统、卫星通信系统提升效率的经验为国内零售业者津津乐道。商业专家都认为，只要做到沃尔玛这样的水平，就是商业服务的天花板。然而，天猫超市、盒马鲜生等电商超市形态异军突起，"手机下单，下班收货"的模式，将消费者从实体店精挑细选，再大包小包提回家的模式中解放出来，加上低廉的价格优势和方便的售后服务，很快突破了超市销售的天花板。

20年前，国美、苏宁等连锁大卖场统治着家电的销售，每个城市都有自己的电脑城、科技街，大大小小的商家售卖着电脑配件，提供"攒机"服务，销售数码相机、MP3（一种音频编码方式）播放器以及光盘等耗材。在连锁卖场和电脑城逐渐发展到成熟阶段的时候，一家叫"京东"的网站的口碑在消费者中逐渐流传，在京东上买电脑和数码产品"全是正品行货，没有假货，送货快，开发票，售后服务值得信赖"，越来越多的人发现在线上购买这些大件商品更方便、更靠谱。在家电行业可以呼风唤雨、一度门庭若市的连锁大卖场，以及从中关村到华强北遍布的电脑公司，在短短几年内就被京东这样的电商平台超越，不仅在很大程度上替代了原本线下渠道的销售量，还因为其可靠、便利和售后维权成本更低，激发和创造了更多新需求。

几年前，人们认为中国互联网产业的大局已定，无论是门户网站、搜索引擎，还是社交软件、电子支付，无论是电子商务、网络游戏，还是电子邮件、音乐视频，都被百度、阿里巴巴、腾讯这3家头部公司"跑马圈地"，人们网上生活的选择基本固定，线上消费似乎也已经到了天花板，后来者很难再有大的作为。可是谁能想到，4G的出现让短视频公司找到了突破天花板的"缝隙"，"抖（音）快（手）微（信视频号）"在很短的时间内就成为流量蛋糕的主要切分者，还创造出直播带货、直播表演、直播教学、直播招聘等一系列新服务、新模式，创造了线上消费的巨大增量。

几年前，智能手机已经几乎人手一台，无论厂商怎样宣传，消费者也很难被打动，都不愿在正在使用的手机性能不足之前"提前"换机。然而，当具备卫星通信功能的华为 Mate 60 Pro 和第一款商用三折叠手机华为 Mate XT 非凡大师面市时，却引发了热烈的抢购，上百万人预约购买，再次创造出巨大的新需求。

在新能源和智能化汽车开始普及之前，中国的汽车市场已经形成了稳定的格局，大众、丰田和通用汽车是普通人买车的主要选择，奔驰、宝马、沃尔沃是有钱人买车的首选品牌，法拉利、保时捷、迈巴赫则构成了汽车消费的塔尖，这种结构已经稳定了几十年，汽车销售增速以个位数波动，到 2018 年甚至开始负增长。可谁能想到，"蔚小理"等造车新势力和比亚迪、小米等企业，能拿出蔚来 ET7、小鹏 X9、理想 L6、比亚迪仰望、小米 SU7 等一系列令人惊艳的新能源车型和智能化的驾驶体验，再次创造出巨大的新需求。

人工智能：再次打开新需求的天花板

在新一轮技术变革的前夜，人工智能正展现出创造新需求的巨大潜力。从生成式人工智能到自动驾驶，再到人形机器人，从智能制造到数字医疗，人工智能技术正在各个领域催生新的供给方式，而这些新供给又将创造多少新需求？

在智能驾驶方面，一些领先厂商已经能够实现从一个车位到下一个车位的"端到端"智能辅助驾驶，可以完成车位启动、路边启动、路边临停、目的地随时变更、自主过闸机等动作，在引入基于庞大神经网络而构建的大语言模型后，智驾系统可以全流程地处理从传感器接收到的感知数据，并完成判断和决策，最终输出控制指令，从原来的"看得懂物"升级到"看得懂路"，让智驾系统更高效且精准地"理解驾驶场景"，以低延时的决策速度，自主地处理好复杂路况。

人工智能辅助肿瘤诊断软件已经不再仅仅停留在病灶的检出位置、大小等基础信息上，还可以为医生同步提供肺结节良性、恶性判断及评估，为癌症的早期发现、精准诊断和及时治疗带来了更全能的智慧化手段。

人工智能自动编程工具已经可以像程序员一样，直接理解产品经理提交的需求文档，自主拆解工作，制订工作计划和方案，按计划熟悉项目并生成代码，并最终调试运行，交付一个成功的软件产品。

但这对人工智能产业来说仅仅是开始。2023 年，高盛研究团队发布报告指出，预计未来 10 年，人工智能每年将会使美国全要素生产率（TFP）的年增长提高 1.5 个百分点，并在未来 10 年内使全球总产出增加 7%（相当于 7 万亿美元）。2024 年 8 月，OpenAI（开放人工智能研究和部署公司）的收入已经达到 3 亿美元，比 2023 年初增长了 1 700%，超过 100 万第三方开发人员开始使用 OpenAI 的技术来支持自己的服务。预计 OpenAI 2025 年收入将达到 116 亿美元，2029 年将达到 1 000 亿美元。这些惊人的增长表明，人工智能将会以前所未有的速度重塑各行各业的商业模式，并在未来 10 年极大地改变全球的经济格局。

在中国，以 DeepSeek（深度求索）、Kimi、豆包、通义千问、讯飞星火等为代表的大模型，也已经开始抓住通用对话、办公、内容娱乐、日常生活服务等不同场景切入，大力推动人工智能技术进入人们工作生活的方方面面。到 2029 年，如果国内有 3 家大模型公司在竞争中最终胜出，并达到 OpenAI 一半的收入规模，那么仅人工智能服务一项就将达到 1 500 亿美元（约 1 万亿元人民币）的市场规模。以上统计，既不包括绝大多数大模型所提供的免费服务，也不包括人工智能技术支持下其他行业的场景拓展、效率提升和各种我们目前仍想象不到的创新成果，人工智能带来的实际经济价值会远超几万亿元的预测，成为推动中国经济增长的重要新引擎。

互联网出现以后，人们很快就发现这不仅是一种通信工具，而且带来了工作方式和生活方式的深刻变化，当时就有人感叹，"所有生意都值得用互联网思维重做一遍"。人工智能对人类工作生活的影响和改变程度会远远高于互联网，"所有的行业都值得用人工智能重做一遍"，不仅人工智能本身创造出了新需求，还将大大提升传统产业的需求创造能力，也许会让很多传统产业重新焕发生机。

当自然语言翻译和呈现的技术进一步成熟时，语言不通将不再是人们交流的障碍，未来能创造多少旅行、交易、合作的需求？当生成式内容技术进一步成熟时，每个人都可以通过更加丰富和综合的音频、视频来表达自己的想象，大学宿舍的几个同学就可以拍摄出与《三国演义》和《星球大战》相媲美的影视剧作品，未来能创造多少创作、表达和欣赏的需求？

当自动驾驶达到一定水平之后，开车不再是一件需要花时间学习、实践和积累经验的事，以前不能开车的老人、残疾人都将拥有"自驾"出行的能力。而在智能交通的帮助下，即使现在的公路网络也能容纳多出2~3倍的车流量，而且不会发生堵车和交通事故，未来将由此增加多少对智能汽车的需求，又会释放多少曾经被抑制的出行、旅游需求，以及由此带来的餐饮、住宿、记录、分享等需求？

当具身智能技术成熟到一定水平之后，就可以在照顾老人、看护病人和帮助残疾人方面发挥巨大的作用，可以轻松地为老人、残疾人和病人提供洗澡、换衣、按摩等服务，可以帮他们做拿取物品、读书、运送上下楼等工作，可以极大地提升他们的生活质量，拓展他们的生活空间，同时也将大大减少家属的照护工作量和心理负担，这又将创造多么大的新需求空间？

回首过去，100多年前，当福特汽车公司通过市场调查了解人们需要什么样的汽车时，很多人回答说，他们只需要一辆更好的马车；近20年前，在乔布斯推出苹果智能手机之前，世界对它的需求是零，如今人们再也离不开智能手机。展望未来，不仅人类的梦想和欲望是无穷的，人类用新供给创造新需求的能力也是无限的。只要我们能够认识到消费繁荣对中国未来的巨大意义，适时推动财政政策加大民生投入，推动货币政策更加解放思想，推动改革提高居民收入，以及更好地发挥服务业和民营企业对促消费的关键作用，抓住人工智能时代创造新需求的伟大机遇，中国经济一定会迎来消费繁荣时代，迎来更美好的未来！